Barbara Jaglarz/Georg Bemmerlein

Deutsch als Zweitsprache systematisch fördern

Wortschatzübungen zur selbstständigen Arbeit

Materialien für einen integrierten Sprachunterricht

5. – 10. Klasse

D1673065

Persen

Persen Verlag

Gedruckt auf umweltbewusst gefertigtem, chlorfrei gebleichtem
und alterungsbeständigem Papier

1. Auflage 2006
© Persen Verlag GmbH, Buxtehude

5. Auflage 2012
© Persen Verlag
AAP Lehrerfachverlage GmbH

Satz: media.design, Neumünster
Grafik: © Barbara Jaglarz und Georg Bemmerlein und deren Lizenzgeber

ISBN 978-3-8344-**3617**-7

www.persen.de

Inhaltsverzeichnis

Vorwort

„Hilfe! Wie beschäftige ich den neuen Schüler ohne Deutschkenntnisse?" – Wie oft stellen sich Kollegen diese Frage. Und dann beginnt die nervige Suche nach geeigneten Hilfsmitteln.

Diese Kopiervorlagen werden das Problem lösen. Die praxiserprobten Wortschatzübungen eignen sich hervorragend zur selbstständigen und differenzierten Arbeit im Unterricht.

Anstatt dass die Kinder Unterrichtsstunden absitzen und sich langweilen, weil sie in den Unterrichtsverlauf mangels Sprachverständnisses nicht integriert werden können, können sie an ihrem Problem selbst arbeiten. Deshalb lassen sich die Arbeitsblätter bei Kindern ohne deutsche Sprachkenntnisse in jedem Fach sinnvoll anwenden.

Die Kinder selbst zeigen sich in der Regel dankbar und haben das Gefühl, mit ihrem Problem nicht abgeschoben oder sitzen gelassen, sondern ernst genommen zu werden und im Rahmen ihrer Möglichkeiten Unterricht zu erhalten.

Und es geht auch dem Lehrer besser, der nicht mehr mit ansehen muss, wie ein Schüler in seinem Unterricht Zeit totschlägt, nicht weil das irgendjemand so will, sondern weil es der Umstände wegen nicht anders zu gehen scheint.

Selbstkontrolle und Lösungen ermöglichen dem Schüler, selbstständig die erarbeiteten Aufträge auf Richtigkeit zu überprüfen. Die Arbeitsblätter sind so einfach konzipiert, dass muttersprachliche Mitschüler, aber auch Wörterbücher jederzeit als Helfer fungieren können. Dem Lehrer sollte eigentlich nur noch die Rolle des Motivators, Moderators und „Helfers in der Not" zufallen.

Systematisch werden neue Wörter eingeführt, im sinnvollen Zusammenhang geübt, getestet und gefestigt. Jeder einzelne Lernbereich kann am Ende vom Schüler mit einem Abschlusstest selbst evaluiert werden.

Der Wortschatz wird Schritt für Schritt erweitert und umfasst am Anfang vorrangig Wörter aus der schulischen Umgebung. Dies befähigt den Schüler, zuerst im schulischen Lernumfeld sprachlich Tritt zu fassen (Deutsch als neue Lernsprache). So lernt der Schüler, auf Fragen nach der eigenen Person zu reagieren, und er lernt persönliche Gegenstände (z. B. aus dem Schulranzen), das räumliche Umfeld (z. B. Klassenraum, Fachräume) und Grundbegriffe (z. B. Uhrzeit) sprachlich kennen. Erst später greift der Wortschatz über die Schule auf die Lebenswelt hinaus.

Die Wortschatzübungen sollen es nichtmuttersprachlichen neuen Schülern ermöglichen, sich so schnell wie möglich zuerst in der ungewohnten neuen Schule und Lernwelt und später im neuen Lebensraum sprachlich zurechtzufinden.

Barbara Jaglarz und Georg Bemmerlein

Trage ein: Gute Nacht – Hallo – Auf Wiedersehen – Guten Morgen – Tschüss –
Guten Tag – Guten Abend

Wie heißt du?
Beantworte die Frage.

Ich heiße Martin. Wie heißt du?

Martin

Ich heiße ....   Wie heißt du ....?

Frederic

Ich ....?

Hastiar

Ich ....?

Antonio

Ich ....?

Nhung

Ich ....?

Tugba

Ich ....?

Marta

Ich ....?

Claudia

Ich ....?

Alexej

Ich ....?

ich

B. Jaglarz/G. Bemmerlein: Deutsch als Zweitsprache – Wortschatzübungen
© Persen Verlag

Woher kommst du?
Beantworte die Frage.

Ich komme aus Deutschland.

aus Deutschland

Ich komme aus ....

aus Frankreich

Ich ....

aus dem Irak

Ich ....

aus Italien

Ich ....

aus Vietnam

Ich ....

aus der Türkei

Ich ....

aus Polen

Ich ....

aus Deutschland

Ich ....

aus Russland

Ich ....

ich

Wie alt bist du?
Beantworte die Frage.

Ich bin dreizehn Jahre alt.

Martin, 13

Ich bin ....

Frederic, 10

Ich ....

Hastiar, 14

Ich ....

Antonio, 15

Ich ....

Nhung, 9

Ich ....

Tugba, 10

Ich ....

Marta, 12

Ich ....

Claudia, 11

Ich ....

Alexej, 17

Ich ....

ich, ...

B. Jaglarz/G. Bemmerlein: Deutsch als Zweitsprache – Wortschatzübungen
© Persen Verlag

Wie ist deine Telefonnummer?
Beantworte die Frage.

Meine Telefonnummer ist sechs acht vier zwei.

Martin, 6842

Meine Telefonnummer ....

....

Frederic, 7450

Meine ....

....

Hastiar, 31417

Meine ....

....

Antonio, 83504

Meine ....

....

Nhung, 25049

Meine ....

....

Tugba, 579031

Meine ....

....

Marta, 4982

Meine ....

....

Claudia, 68513

Meine ....

....

Alexej, 65566

Meine ....

....

ich, ...

B. Jaglarz/G. Bemmerlein: Deutsch als Zweitsprache – Wortschatzübungen
© Persen Verlag

9

Martin schreibt

Lies den Text über Martin und schreibe über dich.

Ich heiße Martin.

Ich komme aus Deutschland.

Ich bin dreizehn Jahre alt.

Ich wohne in Berlin.

Meine Telefonnummer ist:

sechs acht vier zwei.

Martin

Und du?

Ich ....

....

Ich ....

....

Ich ....

....

Ich ....

....

Meine ....

....

....

B. Jaglarz/G. Bemmerlein: Deutsch als Zweitsprache – Wortschatzübungen
© Persen Verlag

Kennst du Martin?
Beantworte die Fragen für Martin.

Wie heißt du? (Martin)

Ich ....

Wo kommst du her? (Deutschland)

....

Wie alt bist du? (13)

....

Wo wohnst du? (Berlin)

....

Wie ist deine Telefonnummer? (6842)

....

Was antwortest du?

Wie heißt du?

....

Wo kommst du her?

....

Wie alt bist du?

....

Wo wohnst du?

....

Wie ist deine Telefonnummer?

....

Martins Familie
Vervollständige die Sätze.

die Großmutter
(Hiltrud, 68)
Hausfrau 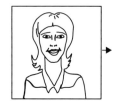 → die
Großeltern ←  der Großvater
(Wolfgang, 70)
Elektriker

die Mutter
(Hanne, 39)
Lehrerin  → die
Eltern ← 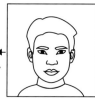 der Vater
(Georg, 41)
Arzt

die Schwester
(Bianca, 16)
Schülerin → die
Geschwister ← der Bruder
(Andreas, 14)
Schüler

(Martin, 13)
Schüler

- Die Großmutter heißt Hiltrud.
  Sie ist 68 Jahre alt. Sie ist Hausfrau.

- Der Großvater heißt Wolfgang.
  Er ist 70 Jahre alt. Er ist Elektriker.

- Die Mutter heißt .... Sie ist ....

  .... Sie ....

- Der Vater .... Er ....

  .... Er ....

- Die Schwester .... Sie ....

  .... Sie ....

- Der Bruder .... Er ....

  .... Er ....

B. Jaglarz/G. Bemmerlein: Deutsch als Zweitsprache – Wortschatzübungen
© Persen Verlag

Meine Familie

Male deine Familie und vervollständige die Sätze.

....
(................, ...)   ┌──────┐   die   ┌──────┐   ....
....   │   │ → Großeltern ← │   │   (................, ...)
                                      └──────┘   └──────┘   ....

....
(................, ...)   ┌──────┐   die   ┌──────┐   ....
....   │   │ →   Eltern   ← │   │   (................, ...)
                                      └──────┘   └──────┘   ....

....
(................, ...)   ┌──────┐   die   ┌──────┐   ....
....   │   │ → Geschwister ← │   │   (................, ...)
                                      └──────┘   └──────┘   ....

                                      ┌──────┐
                                      │   │
                                      └──────┘
                                        Ich
                                  (................, ...)

                                  ....

- Meine Großmutter heißt .... Sie ist ....

  .... Jahre alt. Sie ist ....

- Mein Großvater .... Er ist ....

  .... Er ist ....

- Meine Mutter .... Sie ist ....

  .... Sie ....

- Mein Vater .... Er ....

  .... Er ist ....

- Meine Schwester .... Sie ....

  .... Sie ....

- Mein Bruder .... Er ....

  .... Er ....

Das Mäppchen

Trage ein: der Bleistift – das Lineal – der Radiergummi – das Mäppchen – der Anspitzer – der Füller – das Geodreieck – der Kugelschreiber – der Filzstift – die Schere

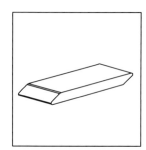 Was ist das?

Das ist ....

....

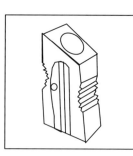 Was ist das?

D..........................

....

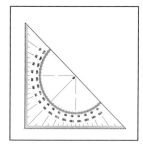 Was ist das?

D..........................

....

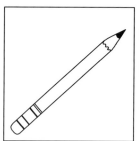 Was ist das?

D..........................

....

 Was ist das?

D..........................

....

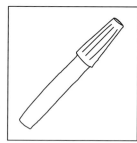 Was ist das?

D..........................

....

 Was ist das?

D..........................

....

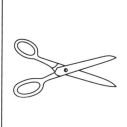 Was ist das?

D..........................

....

 Was ist das?

D..........................

....

 Was ist das?

D..........................

....

B. Jaglarz/G. Bemmerlein: Deutsch als Zweitsprache – Wortschatzübungen
© Persen Verlag

Der Schulrucksack

Trage ein: das Heft – der Malkasten – das Buch – der Pinsel – die Brotdose – der Atlas – der Klebstoff – der Zirkel – der Rucksack – der Taschenrechner

 Was ist das?

Das ist ....

....

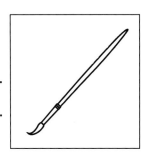 Was ist das?

D..........................

....

 Was ist das?

D..........................

....

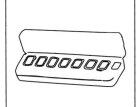 Was ist das?

D..........................

....

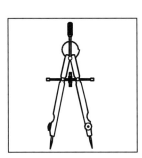 Was ist das?

D..........................

....

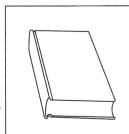 Was ist das?

D..........................

....

 Was ist das?

D..........................

....

 Was ist das?

D..........................

....

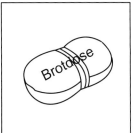 Was ist das?

D..........................

....

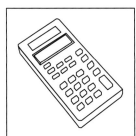 Was ist das?

D..........................

....

Das Klassenzimmer – Was ist das?

Trage ein: der Tisch – der Papierkorb – die Kreide – die Tür – der Schwamm – die Tafel – der Zeigestock – der Stuhl – das Fenster – die Lampe

Was ist das?

Das ist ....

....

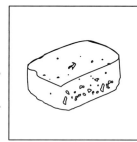

Was ist das?

D.........................

....

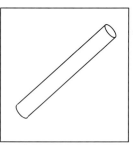

Was ist das?

D.........................

....

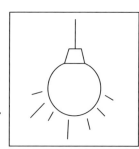

Was ist das?

D.........................

....

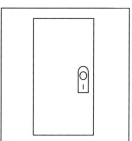

Was ist das?

D.........................

....

Was ist das?

D.........................

....

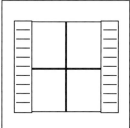

Was ist das?

D.........................

....

Was ist das?

D.........................

....

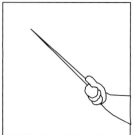

Was ist das?

D.........................

....

Was ist das?

D.........................

....

Die Schule – Wer ist das?

Trage ein: der Hausmeister – die Lehrerin – die Putzfrau – der Rektor – der Schüler –
die Referendarin – die Schülerin – die Konrektorin – die Sekretärin – der Lehrer

 Wer ist das?

Das ist ....

....

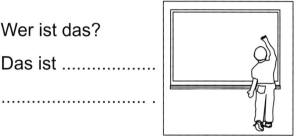 Wer ist das?

D................................

....

 Wer ist das?

D................................

....

 Wer ist das?

D................................

....

 Wer ist das?

D................................

....

 Wer ist das?

D................................

....

 Wer ist das?

D................................

....

 Wer ist das?

D................................

....

 Wer ist das?

D................................

....

 Wer ist das?

D................................

....

Wer ist das? Was ist das?
Trage die richtige Frage ein.

1. Das ist der Pinsel. .... Was ist das? ....

2. Das ist die Schülerin. .... Wer ist das? ....

3. Das ist die Lampe. ....

4. Das ist das Lineal. ....

5. Das ist der Hausmeister. ....

6. Das ist die Schere. ....

7. Das ist der Schüler. ....

8. Das ist die Schwester. ....

9. Das ist das Fenster. ....

10. Das ist der Rektor. ....

11. Das ist der Schwamm. ....

12. Das ist die Mutter. ....

B. Jaglarz/G. Bemmerlein: Deutsch als Zweitsprache – Wortschatzübungen
© Persen Verlag

```
L R F L W S C H A L R U C K S A C K J T F G M I U P I N S E L E G F V T W R G F T
A K Z I F Q K F G J K G F K R E I D E U G F Ä D C J S A M U D R Z Q I A F A A D I
M G H N Q G U F Ü L L E R S F A K U D B F A P F G I B U C H K A B S D F A D F Q S
P N J E V E R I H V Z J K L K U Z O P R T G P B R T V R E R W R C E W E E I G T C
E Z H A U O V L R D S J Z K U Z I T Z O T R C E S C H W A M M K H J F L F E G I H
L E O L O D I Z H V C Z T G C W R Z R T I N H R U T G C E Z X W E U Z E I R G B G
J E R T C R W S Z C H Z X U G R K F J D E H E K Y A N S P I T Z E R J V C G K W U
K D U T Z E T T W Z E E R X J N E G J O J R N C E S C H Ü L E R G F K K D U C V E
M N B A C I U I W E R E I O E D L G H S D F J S H D F J F G J S D L L N L M V D F
K D J G J E G F J W E C X N J V B E L E L W B L E I S T I F T J K E I R C M E J E
K H E N K C Z T E C N A T L A S T G Z E K R N Z J H T N K E Z R T K B C R I R E G
H E F T T K J C E J G E J R Z E C K P A P I E R K O R B R E Z E E K E G C F G S B
L I W E Z X I U R U L E H R E R I N K E R T C E K R H K L E B S T O F F G J F V B
```

Schreibe die gefundenen Wörter mit dem bestimmten Artikel auf.

Es sind 24 Wörter.

die Lampe, ...

....

....

....

....

....

....

....

....

....

....

....

Die Schule – Kreuzworträtsel

Löse das Kreuzworträtsel. (Ä = Ä, Ü = Ü)

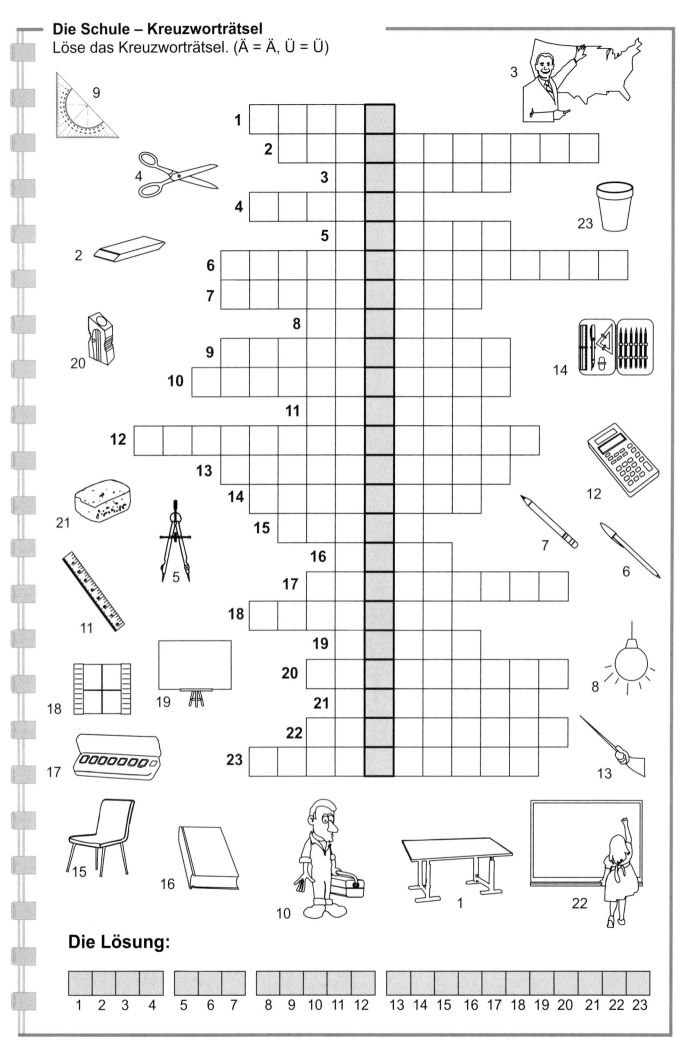

Die Lösung:

1	2	3	4		5	6	7		8	9	10	11	12		13	14	15	16	17	18	19	20	21	22	23

B. Jaglarz/G. Bemmerlein: Deutsch als Zweitsprache – Wortschatzübungen
© Persen Verlag

Die Schule – Kennst du alle Artikel?
Kreuze den richtigen Buchstaben an.

1. Kreide	das (K), die (N)	14. Stuhl	der (F), die (L)
2. Mäppchen	der (L), das (I)	15. Schülerin	die (Ü), des (Ä)
3. Füller	der (C), das (A)	16. Pinsel	das (B), der (R)
4. Zirkel	der (H), das (E)	17. Brotdose	der (S), die (D)
5. Buch	der (F), das (T)	18. Klebstoff	das (C), der (E)
6. Bleistift	der (S), die (W)	19. Tafel	das (K), die (N)
7. Lineal	der (O), das (C)	20. Schere	die (A), das (U)
8. Rucksack	das (R), der (H)	21. Anspitzer	der (N), das (B)
9. Lehrerin	die (L), der (N)	22. Tisch	die (L), der (F)
10. Papierkorb	der (E), das (A)	23. Lehrer	die (Z), der (A)
11. Heft	das (C), der (Z)	24. Malkasten	der (N), das (J)
12. Schüler	das (D), der (H)	25. Geodreieck	die (A), das (G)
13. Schwamm	der (T), das (S)		

LÖSUNGSSATZ:

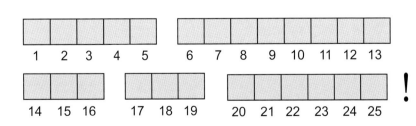

1 2 3 4 5   6 7 8 9 10 11 12 13

14 15 16   17 18 19   20 21 22 23 24 25 !

Die Schule
Schreibe die Wörter mit Artikel unter das Bild.

.....der.....

Lehrer

....

....

....

....

....

....

....

....

....

....

....

....

....

....

....

....

....

....

....

....

....

....

....

....

....

22

Der bestimmte und der unbestimmte Artikel

Male und schreibe.

der = ein, die = eine, das = ein

	ein Klebstoff	der Klebstoff	ein ....
	....	das Lineal	....
	....	die Tür	....
	....	das Heft	....
	....	der Rucksack	....
	....	der Zirkel	....
	....	das Fenster	....
	....	der Schwamm	....
	....	die Schere	....
	....	das Geodreieck	....

Der unbestimmte und der bestimmte Artikel

Trage die Wörter aus der Blumenvase in die Tabelle ein.

DER	DIE	DAS
		das Heft

B. Jaglarz/G. Bemmerlein: Deutsch als Zweitsprache – Wortschatzübungen
© Persen Verlag

Die Farben

Male die Felder mit der richtigen Farbe aus.

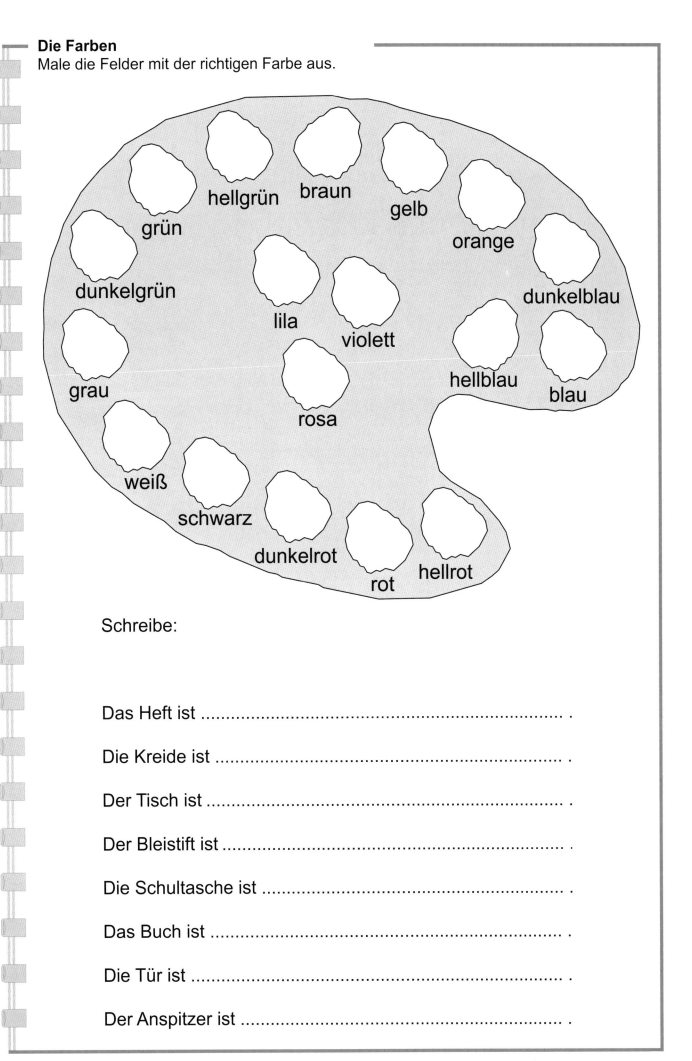

Schreibe:

Das Heft ist ....

Die Kreide ist ....

Der Tisch ist ....

Der Bleistift ist ....

Die Schultasche ist ....

Das Buch ist ....

Die Tür ist ....

Der Anspitzer ist ....

Die Farben

Male den Löwen mit den angegebenen Farben an.

1 orange
2 rot
3 rosa
4 hellblau
5 dunkelblau

6 dunkelgrün
7 hellgrün
8 braun
9 violett
10 gelb

B. Jaglarz/G. Bemmerlein: Deutsch als Zweitsprache – Wortschatzübungen
© Persen Verlag

Farben suchen

Finde die Farben und male die Farbkleckse aus.

 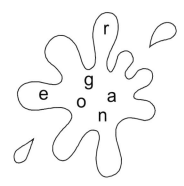 

....

 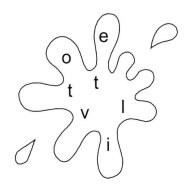 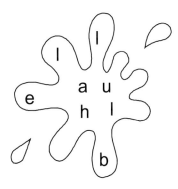

....

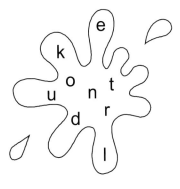 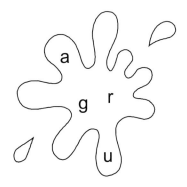 

....

Zahlen bis 20

Ergänze die Tabelle.

0	null	null	••••	vier
1	eins		••••• ••••• ••••• •••••	
2	zwei		•••••• • •••••	
3	drei		••••• ••••• ••••• ••••	
4	vier		•••••	
5	fünf		••••• ••••• •••••	
6	sechs		••••• ••••• ••••• ••	
7	sieben		••••• ••••	
8	acht		••••• •••• •••••	
9	neun		••••• •••••	
10	zehn		••••• •	
11	elf		•	
12	zwölf			
13	dreizehn		••••• •••	
14	vierzehn		••••• ••• •••••	
15	fünfzehn		••••• ••••• ••••• •••	
16	sechzehn		•••	
17	siebzehn		••••• ••••• ••••• •	
18	achtzehn		••••• ••	
19	neunzehn		••	
20	zwanzig		••••• •• •••••	

B. Jaglarz/G. Bemmerlein: Deutsch als Zweitsprache – Wortschatzübungen
© Persen Verlag

Zahlen ab 20

Ergänze die Tabelle.

20	zwanzig	20	z _ _ _ _ _ g
21	einundzwanzig		_ _ n _ _ _ _ _ _ n _ _ _
22	zweiundzwanzig		z _ _ _ _ _ _ w _ _ _ _ _
23	dreiundzwanzig		d _ _ _ _ _ _ z _ _ _ _ _
24	vierundzwanzig		v _ _ _ _ _ _ z _ _ _ _ _
25	fünfundzwanzig		f _ _ _ _ _ _ _ w _ _ _ _ _
26	sechsundzwanzig		s _ _ _ _ _ n _ _ _ _ _ _ _ g
27	siebenundzwanzig		_ _ _ b _ _ _ _ _ z _ _ _ _ _ _
28	achtundzwanzig		a _ _ _ _ _ _ _ z _ _ _ _ _ _
29	neunundzwanzig		_ _ _ _ _ _ d _ _ _ _ _ _ g
30	dreißig		_ _ _ i _ _ _
40	vierzig		_ _ _ _ _ i _
50	fünfzig		_ _ n _ _ _ _
60	sechzig		_ e _ _ _ _ _
70	siebzig		_ _ _ b _ _ _
80	achtzig		_ _ _ t _ _ _
90	neunzig		_ _ _ _ _ _ g
100	hundert		_ _ _ d _ _ t
1 000	tausend		_ _ _ s _ _ _
1 000 000	eine Million		eine _ _ ll _ _ _

35 468 246 844 648 642 464!!!

564 168 246 461 462 346???

Eine kleine Mathematik
Schreibe in Wörtern.

	16	+	73	=	89
1.	sechzehn	plus	dreiundsiebzig	gleich	neunundachtzig

	87	–	43	=	44
2.		minus			

	25	.	4	=	100
3.		mal			

	96	:	12	=	8
4.		geteilt durch			

	57	+	41	=	98
5.					

	94	–	63	=	31
6.					

	12	.	7	=	84
7.					

	72	:	12	=	6
8.					

B. Jaglarz/G. Bemmerlein: Deutsch als Zweitsprache – Wortschatzübungen
© Persen Verlag

Telefonnummern

Schreibe die Ziffern der Telefonnummern als Wörter.

Hauptschule	93221	neun drei ....
Dr. Krämer	53680	....
Kindergarten	8461	....
Krankenhaus	34028	....
Oma Anni	905415	....
Oma Renate	65209	....
Notruf	....	....
Polizei	....	....
Feuerwehr	....	....

Schreibe die Telefonnummern als Zahlen.

Jenni	......84033........	acht vier null drei drei
Monika	....	sechs null eins sechs
Klaus	....	zwei zwei sieben eins null
Mamas Handy	....	null eins sieben null neun vier drei
	....	zwei neun
Papas Handy	....	null eins sechs null sieben vier drei
	....	null drei
Toms Handy	....	null eins sieben eins drei null drei
	....	fünf zwei

Schecks ausfüllen

Schreibe die Beträge als Wörter.

€   11 927

_____ €

€   3 549

_____ €

€   278

_____ €

€   7 533

_____ €

€   943

_____ €

€   8 734

_____ €

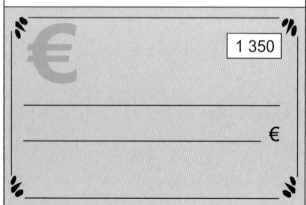

€   1 350

_____ €

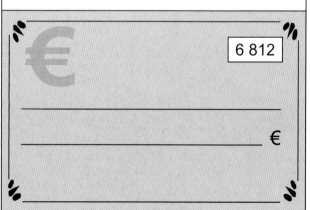

€   6 812

_____ €

B. Jaglarz/G. Bemmerlein: Deutsch als Zweitsprache – Wortschatzübungen
© Persen Verlag

Gemischte Zahlen

Finde die Zahlen und male die Felder rot aus.

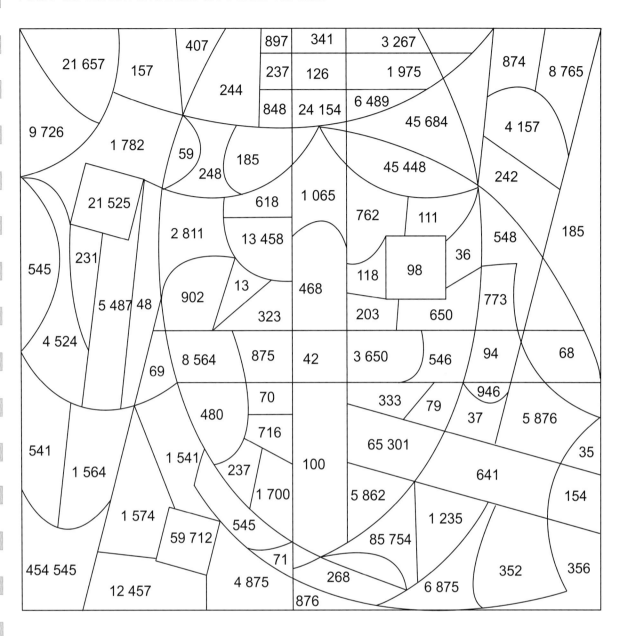

zweitausendachthundertelf, dreihundertdreiunddreißig, vierhundertachtzig, einhundertachtzehn, neunundsiebzig, neunhundertzwei, einhundertelf, sechshundertachtzehn, zweihundertsiebenunddreißig, dreihundertdreiundzwanzig, fünfundsechzigtausenddreihunderteins, zweihundertdrei, siebenhundertsechzehn, sechshundertfünfzig, siebzig, siebenhundertzweiundsechzig, eintausendsiebenhundert, dreizehntausendvierhundertachtundfünfzig, dreizehn, fünftausendachthundertzweiundsechzig, sechsunddreißig

Die Zahlen

1. Schreibe die Zahlen als Wörter.

937 ....

2451 ....

604 ....

8623 ....

4677 ....

2. Schreibe die Preise als Zahlen.

dreihundertvier .... €

viertausendsechsundachtzig .... €

achthundertelf .... €

siebentausenddreihundertvierzig .... €

dreiunddreißigtausendzweihundertfünfzig .... €

3. Schreibe die Zahlen der Größe nach geordnet.

dreiundsechzig   null   sechzehn   einundsechzig   zweiundvierzig

sieben   vierundsiebzig   siebenhundertzweiunddreißig

neunzig

zweihunderteins   zehn   dreitausendfünfhundertelf   achtundfünfzig

0, ..., ..., ..., ..., ..., ...,

..............., ..., ..., ..., ..., ...,

B. Jaglarz/G. Bemmerlein: Deutsch als Zweitsprache – Wortschatzübungen
© Persen Verlag

In der Schulküche

Kreuze den richtigen Buchstaben an (A̶) und finde das Lösungswort.

1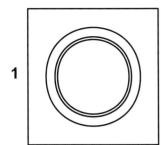
(R) die Pfanne
(D) die Schüssel
(P) der Teller

6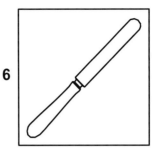
(I) die Pfanne
(E) das Messer
(U) das Schneidebrett

2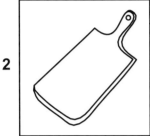
(E) der Löffel
(D) das Messer
(I) das Schneidebrett

7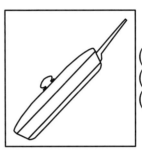
(S) die Pfanne
(Z) der Topf
(M) der Teller

3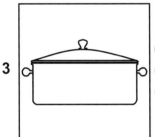
(M) die Pfanne
(H) der Löffel
(Z) der Topf

8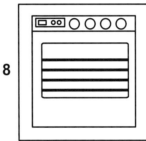
(B) der Kühlschrank
(S) der Backofen
(W) die Schüssel

4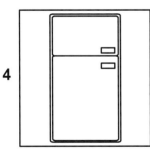
(Z) der Kühlschrank
(K) der Topf
(M) der Backofen

9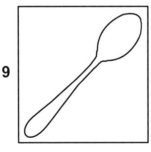
(B) die Gabel
(K) der Kühlschrank
(E) der Löffel

5
(A) die Gabel
(E) der Löffel
(U) die Pfanne

10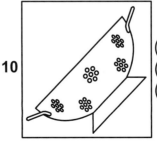
(K) der Topf
(R) die Pfanne
(N) das Sieb

Lösung:

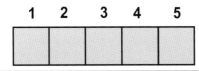

| | 1 | 2 | 3 | 4 | 5 | | 6 | 7 | 8 | 9 | 10 |

B. Jaglarz/G. Bemmerlein: Deutsch als Zweitsprache – Wortschatzübungen
© Persen Verlag

Im Werkraum

Kreuze den richtigen Buchstaben an (A̶) und finde das Lösungswort.

1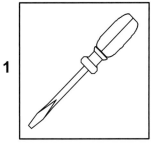
(W) der Schraubenzieher
(M) der Nagel
(B) die Feile

6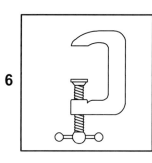
(K) die Säge
(E) die Zwinge
(O) die Zange

2
(E) die Bohrmaschine
(A) die Zwinge
(U) die Säge

7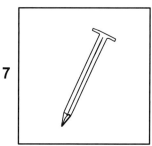
(L) der Hammer
(E) die Zange
(H) der Nagel

3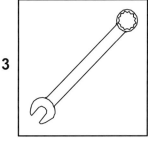
(S) die Feile
(K) die Zange
(R) der Schraubenschlüssel

8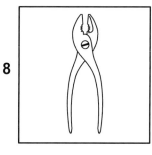
(R) die Zange
(M) die Säge
(K) der Nagel

4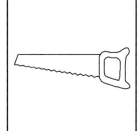
(K) die Säge
(B) die Schraube
(O) die Zange

9
(B) die Zwinge
(A) die Schraube
(E) die Feile

5
(U) die Säge
(L) der Hammer
(M) der Nagel

10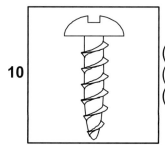
(T) die Zange
(R) die Schraube
(S) die Säge

Lösungswort:

1	2	3	4	5	6	7	8	9	10

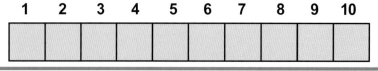

B. Jaglarz/G. Bemmerlein: Deutsch als Zweitsprache – Wortschatzübungen
© Persen Verlag

Im Computerraum

die Maus – der Joystick – der Prozessor – der Scanner – der Videorekorder –
der Monitor – die Rechnereinheit – der Lautsprecher – die Videokamera –
die Tastatur – die Diskette – das CD-ROM-Laufwerk – der Drucker – die Festplatte

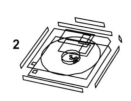

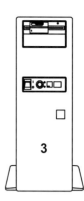

....

....

....

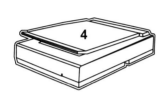

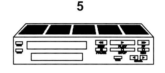

....

....

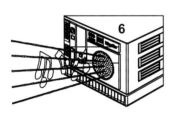

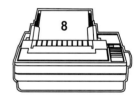

....

....

....

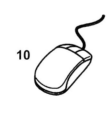

....

....

....

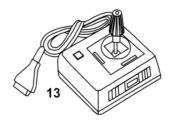

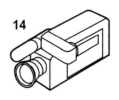

....

....

....

Im Musikraum

Kreuze den richtigen Buchstaben an (A) und finde das Lösungswort.

1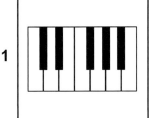
(W) der Flügel
(D) die Trompete
(M) die Tastatur

6
(K) die Flöte
(H) die Gitarre
(O) die Geige

2
(I) die Gitarre
(U) die Geige
(O) die Trompete

7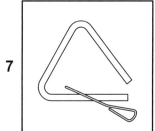
(Ö) die Triangel
(Ü) die Flöte
(Ä) die Trompete

3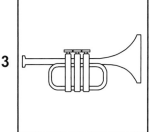
(S) die Trompete
(R) die Geige
(K) die Tastatur

8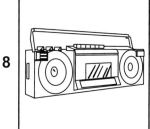
(P) der Lautsprecher
(M) die Flöte
(R) der Kassettenrekorder

4
(K) die Triangel
(I) das Mikrofon
(O) der Lautsprecher

9
(A) die Trompete
(E) die Flöte
(N) das Mikrofon

5
(E) die Flöte
(N) die Geige
(K) der Flügel

10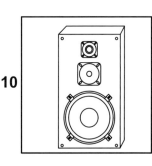
(N) der Lautsprecher
(W) der Kassettenrekorder
(M) die Tastatur

Lösungswort:

1	2	3	4	5		6	7	8	9	10

B. Jaglarz/G. Bemmerlein: Deutsch als Zweitsprache – Wortschatzübungen
© Persen Verlag

In der Turnhalle

Kreuze die richtige Zahl an: ✂

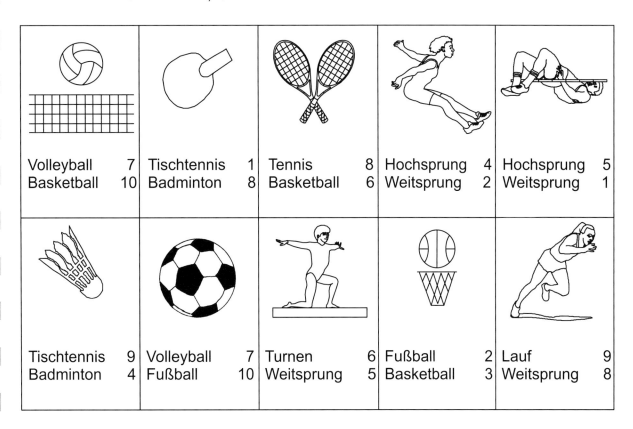

Volleyball 7	Tischtennis 1	Tennis 8	Hochsprung 4	Hochsprung 5
Basketball 10	Badminton 8	Basketball 6	Weitsprung 2	Weitsprung 1
Tischtennis 9	Volleyball 7	Turnen 6	Fußball 2	Lauf 9
Badminton 4	Fußball 10	Weitsprung 5	Basketball 3	Weitsprung 8

Schneide das Bild aus, lege die Teile auf die angekreuzten Zahlen.

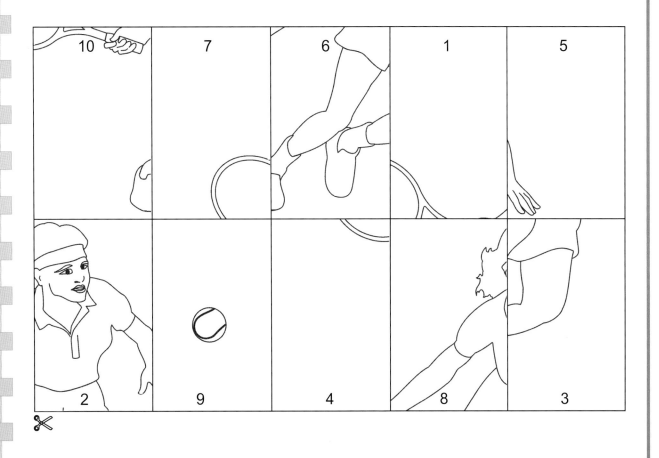

✂

In den Fachräumen
Löse das Kreuzworträtsel. (Ä = Ä, Ü = Ü)

 14
 21
 12
 7
 23
 22

 1
 2
 5
 10

 4

 13
  15

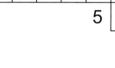

 20

 16

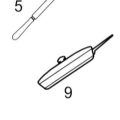 19
 6

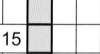 3

 18
 8
 17

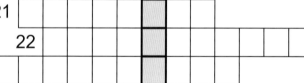 11

Lösung: .... !

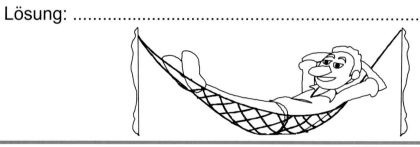

B. Jaglarz/G. Bemmerlein: Deutsch als Zweitsprache – Wortschatzübungen
© Persen Verlag

Einzahl – Mehrzahl

Schreibe die Einzahl und die Mehrzahl.

die Schere		die Scheren

Mehrzahl – Einzahl
Schreibe die Einzahl.

fünf Flöten – eine Flöte

zehn Schwämme – _____

zwei Kugelschreiber – _____

sieben Töpfe – _____

vier Zirkel – _____

zwanzig Lehrerinnen – _____

acht Bälle – _____

sechs Löffel – _____

neunzig Disketten – _____

dreizehn Schüler – _____

drei Gitarren – eine Gitarre

fünf Mäppchen – _____

dreißig Stühle – _____

fünf Pfannen – _____

sechs Gabeln – _____

zehn Schränke – _____

achtzig Nägel – _____

zwei Omas – _____

fünfzehn Bücher – _____

elf Mädchen – _____

B. Jaglarz/G. Bemmerlein: Deutsch als Zweitsprache – Wortschatzübungen
© Persen Verlag

Der Kopf

Trage ein: das Auge – der Hals – der Mund – die Nase – der Zahn – die Wange – das Ohr – die Zunge – die Augenbraue – die Wimpern – die Haare – die Stirn

Der Mensch

Trage ein: das Knie – der Bauch – die Ferse – der Kopf – der Finger – die Brust – das Bein –
die Zehe – die Schulter – der Unterschenkel – der Fuß – der Ellenbogen –
der Arm – die Hand – der Oberarm – der Oberschenkel – der Unterarm

B. Jaglarz/G. Bemmerlein: Deutsch als Zweitsprache – Wortschatzübungen
© Persen Verlag

Der Mensch – Suchrätsel

Hier haben sich 17 Körperteile versteckt. Finde sie! → ↓

```
K J F E R S E F B M J H G K U W F V B C J F G V I S K G V H S K F A
S K G F K S D V F U S K J O K F D S H A L S V J B K D F J A S B K U
K S J F H S K J V N K J D P L S V B K S L H F S L J B V K N S J V G
S B V F K J B F K D B V S F D J F S B K S D J B F V A S L D D B G E
K S J K S J D B V K S F K A Z S F C K S B V K S J V U K J D S B K N
O B E R S C H E N K E L U E U Z I H J U G S J G F S C F I G T S F B
K U E Z R I U W T G E I W G N I W U F G D C S J G R H W U E I G W R
O H R V F J W E Z R W I U R G G W L E Z D H S V F K J H W I R G F A
N K S J D T G F I W U Z E E I F T K S Z E H E A S V F J E N G F U
H D Z A H N I U K F D M S K J S B E G I U K W E I W U E R O W R H E
I K E H R F W N A S E K D S U F H R W L V F I N G E R I E G B K L F
K J E R O U P Q E I U H O G F V K D D F O I W F G B C V O L H L L D
K W B K W U E F U N T E R S C H E N K E L F B C S L D F J W L K F G
```

Schreibe die gefundenen Körperteile mit passendem Artikel auf.

....

....

....

....

....

....

....

....

....

....

Der Mensch
Trage die Namen der Körperteile ein.

Im Kleiderschrank

Trage ein: die Hausschuhe – die Stiefel – die Winterschuhe – der Mantel – die Bluse –
der Rock – die Mütze – das Kleid – die Weste – der Schal – die Unterhose –
die Socken – die Hose – der Pullover – die Handschuhe – das Unterhemd –
das Halstuch – die Sportschuhe – die Krawatte – das T-Shirt – der Gürtel –
der Bademantel

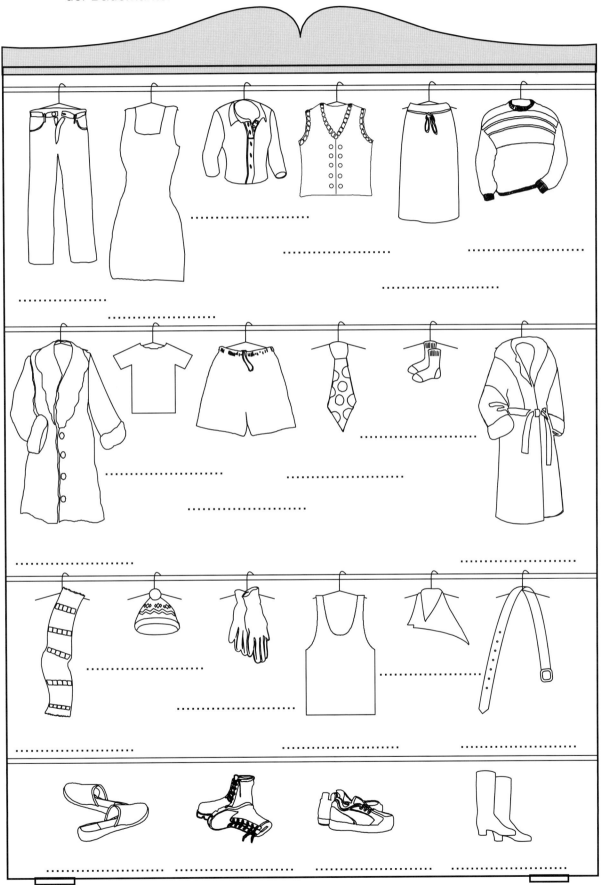

Im Bad

Kreuze den richtigen Buchstaben an (A̅) und finde das Lösungswort.

1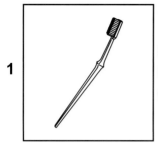
(B) die Zahnbürste
(D) der Kamm
(F) die Seife

6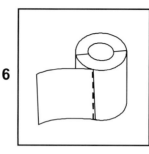
(N) das Handtuch
(I) das Toilettenpapier
(G) die Zahnbürste

2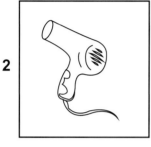
(K) der Rasierapparat
(A) der Fön
(S) der Schwamm

7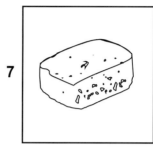
(M) der Schwamm
(Y) die Seife
(Z) der Kamm

3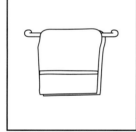
(D) das Handtuch
(L) der Schwamm
(E) das Shampoo

8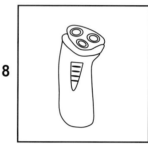
(F) die Zahnbürste
(M) der Rasierapparat
(H) der Fön

4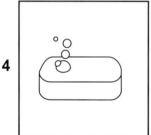
(O) der Schwamm
(E) die Seife
(P) der Fön

9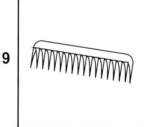
(E) der Kamm
(A) der Schwamm
(T) der Fön

5
(Z) die Zahnpasta
(W) das Shampoo
(R) die Seife

10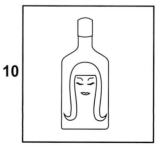
(G) die Seife
(R) das Shampoo
(B) die Zahnbürste

Lösungswort: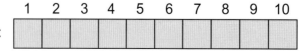

	1	2	3	4	5	6	7	8	9	10

B. Jaglarz/G. Bemmerlein: Deutsch als Zweitsprache – Wortschatzübungen
© Persen Verlag

Im Koffer
Trage die richtigen Wörter ein.

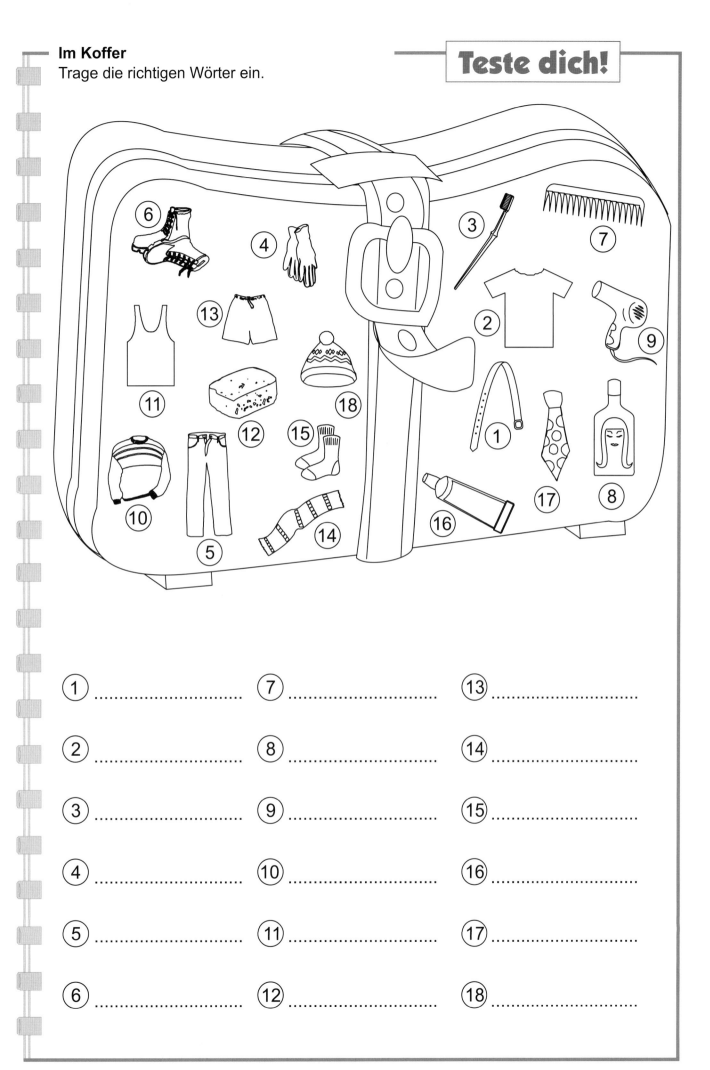

1 ....

2 ....

3 ....

4 ....

5 ....

6 ....

7 ....

8 ....

9 ....

10 ....

11 ....

12 ....

13 ....

14 ....

15 ....

16 ....

17 ....

18 ....

Das Haus der Familie Klug

Wie hat Frau Klug ihr Haus eingerichtet? Trage ein.

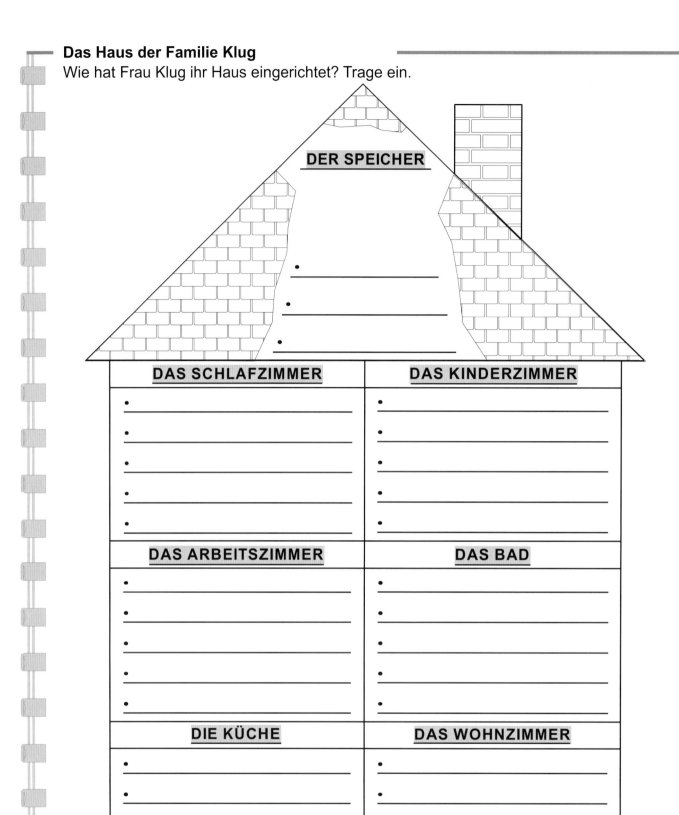

DER SPEICHER

- _____
- _____
- _____

DAS SCHLAFZIMMER

- _____
- _____
- _____
- _____
- _____

DAS KINDERZIMMER

- _____
- _____
- _____
- _____

DAS ARBEITSZIMMER

- _____
- _____
- _____
- _____
- _____

DAS BAD

- _____
- _____
- _____
- _____

DIE KÜCHE

- _____
- _____
- _____
- _____
- _____

DAS WOHNZIMMER

- _____
- _____
- _____
- _____

die Badewanne, der Fernseher, die Mikrowelle, der Computer, der Kleiderschrank,
der Schreibtisch, die Tapetenreste, der Bürosessel, der Herd, der Nachttisch,
die Dusche, der Drucker, die Schrankwand, die Spielzeugkiste, die Bretter,
der Kerzenständer, das Kinderbett, der Wandspiegel, das Bild, die Umzugskartons,
die Toilette, der Esstisch, das Faxgerät, der Teppich, die Glasvitrine, das Wandregal,
der Kassettenrekorder, die Sitzgruppe, die Nachttischlampe, das Bett, die Stühle,
die Küchenzeile, das Waschbecken

B. Jaglarz/G. Bemmerlein: Deutsch als Zweitsprache – Wortschatzübungen
© Persen Verlag

Im Haus der Familie Klug

Was hat die Familie Klug richtig eingeräumt? Kreuze die Zahlen an.

───────────────┤ IM WOHNZIMMER ├───────────────

der Topf (5), der Fernseher (22), der Käse (53), die Sitzgruppe (16), das Bild (44),
das Messer (63), das Fahrrad (72)

───────────────┤ IM KINDERZIMMER ├───────────────

das Kinderbett (28), der Kühlschrank (41), die Spielzeugkiste (10),
die Schrankwand (20), die Säge (15), der Käse (2)

───────────────┤ IM BAD ├───────────────

der Zucker (19), der Wandspiegel (38), die Dusche (52), das Telefon (3),
die Toilette (48), die Badewanne (12), das Sofa (77), das Waschbecken (32)

───────────────┤ IN DER KÜCHE ├───────────────

der Esstisch (26), der Pulli (17), der Küchenschrank (40), die Schrauben (1),
die Stühle (46), der Hammer (87), die Bohrmaschine (66)

───────────────┤ IM SCHLAFZIMMER ├───────────────

die Schrauben (25), die Pfanne (81), das Bett (24), der Teppich (42)
der Nachttisch (14), der Fön (4), die Waschmaschine (49)

───────────────┤ IM ARBEITSZIMMER ├───────────────

der Schreibtisch (30), die Seife (7), der Computer (8), der Bürosessel (36),
der Herd (11), das Faxgerät (50), das Eis (57)

───────────────┤ AUF DEM SPEICHER ├───────────────

das Brot (13), die Bretter (6), die Butter (71), die Tapetenreste (18),
die Umzugskartons (34), die Torte (9), die Zahnbürste (37)

Male die angekreuzten Zahlen aus.

78	68		55		79		84	2	82		33		70				
	8		74	28	10	19	65	24	45	12	25	64	32				
15	58	27	22	69		63				75		3	87	34	43	76	13	89
	44	42		50	80	6	20			9			52	5			
54	7	38	57	72	85	17	1	59	46	86	51	18	4	81	29	16	60
	35		47	30								77					
	40	61	83	31	26	36	71	11	14	48							
21	73	90	62	66	41	53	39										
88	37	49	56	23	67												

Wie viel Uhr ist es? Wie spät ist es?
Zeichne die Uhrzeiger.

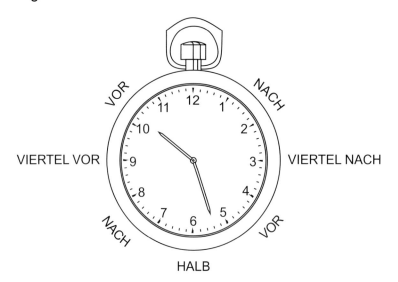

Es ist fünf Uhr.

Es ist neun Uhr.

Es ist halb zwei.

Es ist halb acht.

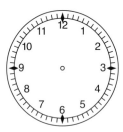

Es ist zwanzig nach elf.

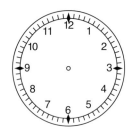

Es ist Viertel nach sechs.

Es ist zehn nach eins.

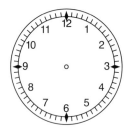

Es ist dreizehn nach sieben.

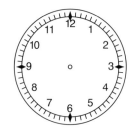

Es ist fünf vor zehn.

Es ist elf nach drei.

Es ist zehn vor vier.

Es ist dreizehn vor acht.

B. Jaglarz/G. Bemmerlein: Deutsch als Zweitsprache – Wortschatzübungen
© Persen Verlag

Wie viel Uhr ist es? Wie spät ist es?
Schreibe die Uhrzeiten.

....
....

....
....

....
....

....
....

....
....

Zeichne und schreibe.

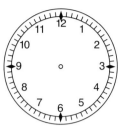

Es ist zehn nach sieben.

07:10 Sieben Uhr zehn. ....

19:10 Neunzehn Uhr zehn. ....

Es ist halb neun.

08:30 ....

20:30 ....

Es ist Viertel vor zehn.

09:45 ....

21:45 ....

Es ist zwanzig vor drei.

02:40 ....

14:40 ....

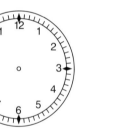

Es ist vierzehn nach fünf.

05:14 ....

17:14 ....

Es ist Viertel nach eins.

01:15 ....

13:15 ....

Es ist drei nach zwölf.

12:03 ....

00:03 ....

Es ist siebzehn vor sechs.

05:43 ....

17:43 ....

B. Jaglarz/G. Bemmerlein: Deutsch als Zweitsprache – Wortschatzübungen
© Persen Verlag

Die Uhrzeiten
Zeichne die Uhrzeiger.

Es ist siebzehn nach vier.

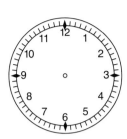

Es ist halb sechs.

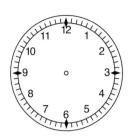

Es ist Viertel vor neun.

Es ist elf nach acht.

Es ist Viertel vor eins.

Es ist dreizehn vor zwölf.

Schreibe die Uhrzeiten.

....

....

....

....

....

....

....

....

....

....

....

....

Der Stundenplan

Trage deinen Stundenplan ein:
Deutsch (D) – Englisch (E) – Französisch (F) – Mathematik (M) – Physik (Ph) –
Chemie (Ch) – Sport (S) – Biologie (Bio) – Musik (Mu) – Bildende Kunst (BK) –
Werken (We) – Erdkunde (Ek) – Geschichte (Ge) – Textiles Gestalten (TG) –
Sozialkunde (Sk) – Gesellschaftslehre (Gl)

Gg ♪ $a^2+b^2=c^2$ % Bb 𝄞					
	MONTAG	**DIENSTAG**	**MITTWOCH**	**DONNERSTAG**	**FREITAG**
1					
2					
3					
4					
5					
6					
7					
8					

Schreibe:

Deutsch ist am Montag, Dienstag und Donnerstag.

Sport ist am ....

Biologie ....

Mathematik ....

Physik ....

Englisch ....

B. Jaglarz/G. Bemmerlein: Deutsch als Zweitsprache – Wortschatzübungen
© Persen Verlag

Wochentage und Monate

Finde die Wochentage und schreibe sie.

....

....

....

Hier haben sich 12 Monate versteckt. Finde sie. → ↓

```
K A E R H N T C M Ä R Z M G R J S L I G L X M E R S G H V M A I J J G M J
H P M N C G J R G F J E N R G J E S G X J G C H G J G B J M B H N A G B U
H R B A U G U S T J H G K J W H P I W E Y R F O E H F H G V H J K N E R N
J I G I W U E Y I U G M H G E K T G G V G K G V K H H V H K F H V U H H I
E L J B B T F G N X N H G J R H E K E R F H G V J C K H V J G J E A F K V
F H V J E H R C N J C F G R K G M G J N O V E M B E R H G E H J L R G H V
K U E G F H K E G F K E R G K F B H E K U G K V K E H K V H V R H F G B V
W E R C J B G R G W P W H D B V E M A J F E B R U A R K S B F I W B F K E
D B F J U L I I S B M X X S S H R J W H G F D Y V B D Y E B D J D B S K C
D B F J H W V X C A F W Q T E U F O J D E Z E M B E R F B D I F B D J F H
F H D O K T O B E R F B D J S B C V J D B C J H D B C V J D B C J D B W K
```

....

....

....

....

Die Jahreszeiten

Trage die Jahreszeiten ein und male die Felder hellgrün, gelb, rot und blau an.
Die Jahreszeiten: der Frühling, der Sommer, der Herbst, der Winter

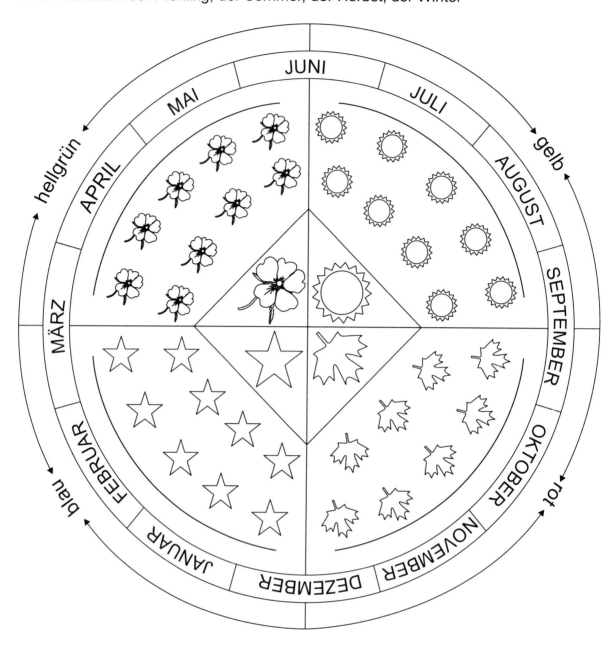

Hier haben sich die Jahreszeiten versteckt. Trage sie ein.

der 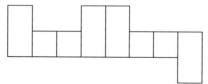   der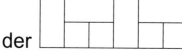

der   der

B. Jaglarz/G. Bemmerlein: Deutsch als Zweitsprache – Wortschatzübungen
© Persen Verlag

Wochentage, Monate, Jahreszeiten

Löse das Kreuzworträtsel.

Teste dich!

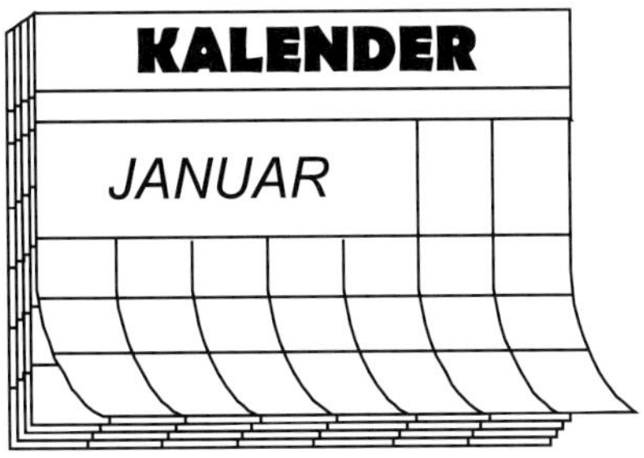
KALENDER
JANUAR

JAN
1

LÖSUNGSWORT:

Die Lebensmittel

Kreuze den richtigen Buchstaben an (A̸) und finde das Lösungswort.

1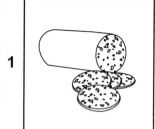
(D) der Fisch
(S) der Käse
(B) die Salami

6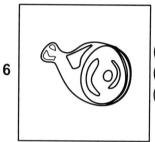
(W) die Marmelade
(R) der Schinken
(M) die Salami

2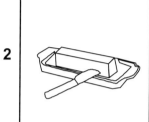
(U) die Butter
(I) der Fisch
(A) der Käse

7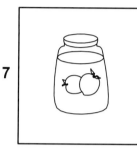
(D) die Butter
(B) die Marmelade
(K) der Fisch

3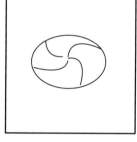
(S) das Brot
(K) der Quark
(T) das Brötchen

8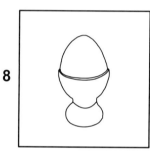
(T) das Brötchen
(S) der Schinken
(R) das Ei

4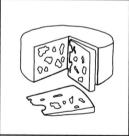
(W) der Schinken
(T) der Käse
(R) das Brötchen

9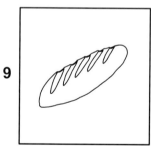
(O) das Brot
(A) das Ei
(L) der Käse

5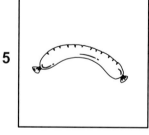
(E) die Wurst
(I) der Quark
(A) das Ei

10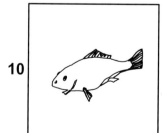
(R) der Käse
(T) der Fisch
(S) der Schinken

Lösungswort:

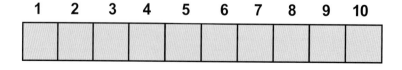

1	2	3	4	5	6	7	8	9	10

B. Jaglarz/G. Bemmerlein: Deutsch als Zweitsprache – Wortschatzübungen
© Persen Verlag

Das Obst

Hier sind die Obstsorten rückwärts geschrieben. Finde sie und trage sie ein:

die sananA – die enortiZ – der lefpA – die enriB – die nereeblehcatS – die ehcsriK –
die ereebmiH – die enanaB – die ereebdrE – die nereebsinnahoJ – die nebuartnieW –
die emualfP – die egnarO – die enolemressaW

Suchrätsel → ↓   Finde 14 Obstsorten.

```
W J V Z N H T J G R G H M C K R J H G C B R N G C K K L P C N E R J
E C G I J R N G F C J R X K H R F X E R I X G R J I N E F G F R C O
I H G T B R C E G S N F X K E G R G J C R N G R H R X N L F N D G H
N H F R H V F G H C X A N A N A S K D V N H F V W S U C A B Z B F A
T C R O W X S V G T Y N J U I O N I Y B E V R T C C B U U I P E J N
R G Y N H H B B A N A N E B A X V B J H G F D S D H J B M Y T E J N
A D G E G H F G H F G B F C G H R J M H N H J J I E K J E H J R H I
U T H B U J H J J H W O R A N G E D H W G E F V H K F G U E R E U S
B H W F A P F E L A H W I E I F H S S T A C H E L B E E R E N K F B
E B N D J F B N D J H V C B N D K N G J H F N R K W O R U I T Y W E
N H F D I R H V W A S S E R M E L O N E R T O G P O F J D H N S G E
F D G V W H Y D B V C U S B F J H F D B W E H I M B E E R E F J U R
A J C G B N Y E G F V G F N R Y G F U I G F C G G G E F G U I E R E
```

Das Gemüse

Hier sind die Gemüsesorten rückwärts geschrieben. Finde sie und trage sie ein:

die lebeiwZ – der hcuaL – die akirpaP – der hcualbonK – der talaS –
die ekruG – die enhoB – die etamoT – das nehcseidaR – der lhokßieW –
die leffotraK – der ibarlhoK – der ilokkorB – die ettoraK

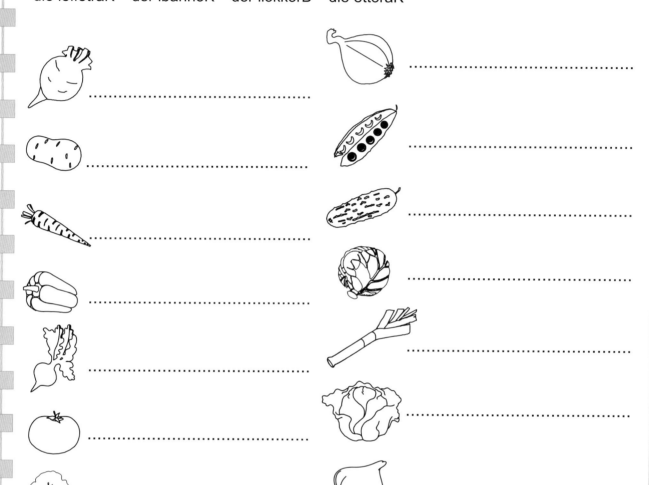

Suchrätsel →↓ Finde 13 Gemüsesorten.

```
P G R W S A L A T J D J W G R J B K N O B L A U C H C S B D W U K G J F H B J D
A X K C N X C Y N V N S D J A D W K J R E U I W R W P O O P E I A D L K J L C K
P W O D F G U R K E F G E U F B G I O T N G P F K D N C H X I D R D J E B U Z R
R N H X C H N G J W T R I T O P E H K D G I F J D F U K N I ß K O D Z F K M F D
I X L J S R A D I E S C H E N G B E U D F B S U J D B E E F K D T S D B V D J D
K B R F C H B V D F E B F U J E G R I W E O E H W A B V S H O B T E D B F N J E
A B A J H T O M A T E B F J K A R T O F F E L R T U E R G B H I E N S D O K K J
D H B F H J S D J E B D W B V S B A H G Q H A B D U R N B F L P S L F N X O Y B
G B I B S N W V D W I R Z W I E B E L N Y M A H D G E U J W L F J U E B T H G B
V N B X M Y H A H E W Q P E P R U O H L A U C H U E S G F J O I W F C U F L Y C
```

B. Jaglarz/G. Bemmerlein: Deutsch als Zweitsprache – Wortschatzübungen
© Persen Verlag

Obst und Gemüse

Finde Obst und Gemüse. Die fett umrandeten Buchstaben ergeben das Lösungswort.

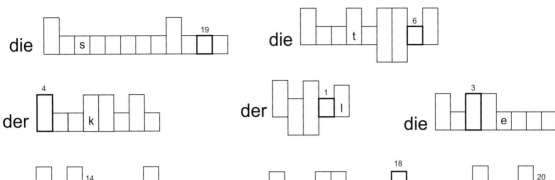

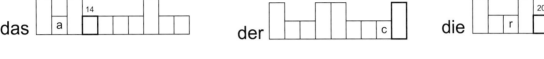

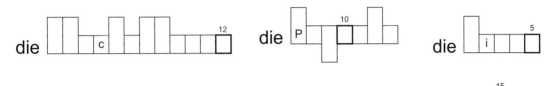

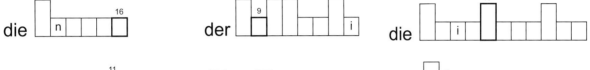

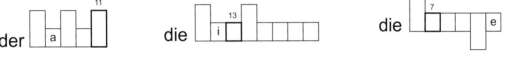

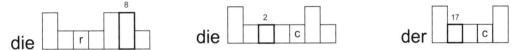

Lösungswort:

1	2	3	4	5	6	7	8	9	10	11	12		13	14	15		16	17	18	19	20

Das Lebensmittelgeschäft

Schreibe, in welcher Abteilung du diese Lebensmittel findest: die Kartoffel – die Bockwurst – die Torte – die Tomate – das Paprikapulver – der Wein – das Fleisch – die Milch – die Banane – der Rosmarin – das Brot – die Wurst – das Brötchen – der Quark – das Salz – die Margarine – die Salami – die Limonade – die Butter – die Birne – das Bier – der Saft – das Mineralwasser – der Thymian – der Pfeffer – der Joghurt – das Baguette – die Brezel – der Schinken – der Apfel

BACKWAREN

....

....

....

....

MILCHPRODUKTE

....

....

....

....

OBST UND GEMÜSE

....

....

....

....

FLEISCH UND WURSTWAREN

....

....

....

....

GEWÜRZE

....

....

....

....

GETRÄNKE

....

....

....

....

B. Jaglarz/G. Bemmerlein: Deutsch als Zweitsprache – Wortschatzübungen
© Persen Verlag

Im Kaufhaus

Ordne die rückwärts geschriebenen Waren der richtigen Abteilung zu.
Schreibe noch einen Gegenstand dazu.

KAUFHAUS

RESTAURANT	3	MÖBEL	3	SPIELWAREN
....		....		....
....		....		....
?.........................		?.........................		?.........................

DAMENBEKLEIDUNG	2	SCHMUCK	2	KOSMETIK
....		....		....
....		....		....
?.........................		?.........................		?.........................

HERRENBEKLEIDUNG	1	SCHUHE / LEDER	1	SCHREIBWAREN
....		....		....
....		....		....
?.........................		?.........................		?.........................

ELEKTROABTEILUNG	E	LEBENSMITTEL	E	HAUSHALTSWAREN
....		....		....
....		....		....
?.........................		?.........................		?.........................

die emercdnaH   der renhcernehcsaT   das tteB   die etroT

das müfraP   die lessühcS   die ehcsatdnaH   der eeffaK

die lefeitS   die enihcsameeffaK   die esoH   der rednelaK

die ettawarK   die edommoK   der gniR   die ettekslaH   der kcoR

die eppuP   der neknihcS   der llaB   das etteugaB   das dielK

der reguasbuatS   der neseB

Abteilungen im Kaufhaus

Was befindet sich in der richtigen Abteilung?
Kreuze die Zahlen an (☒) und male die Felder unten aus.

HAUSHALTSWAREN

der Hut (80), die Pfanne (9),
das Messer (4), das Parfüm (71),
der Apfel (61), der Topf (26)

ELEKTROABTEILUNG

das Radio (46), der Besen (55),
das Buch (65), der Fön (99),
das Hemd (33), der Staubsauger (22)

DAMENBEKLEIDUNG

der Koffer (15), die Seife (89),
das Kleid (19), der Lauch (94),
der Rock (31), die Bluse (11)

SCHMUCK

die Kaffeemaschine (64), der Topf (94),
die Halskette (7), der Fisch (89),
der Ring (25), die Bluse (59)

KOSMETIK

der Schlafanzug (55), die Seife (13),
das Brot (97), die Handcreme (21),
das Parfüm (8), der Rock (48)

HERRENBEKLEIDUNG

die Krawatte (43), der Koffer (97),
die Schere (71), der Hut (12),
der Pullover (39), das Kleid (52)

LEBENSMITTEL

das Lineal (78), der Fisch (9),
die Butter (17), der Tisch (80),
die Schokolade (2), der Fön (1)

SPIELWAREN

der Kamm (78), die Puppe (28),
die Zitrone (80), der Topf (88),
der Ball (10), die Legosteine (23)

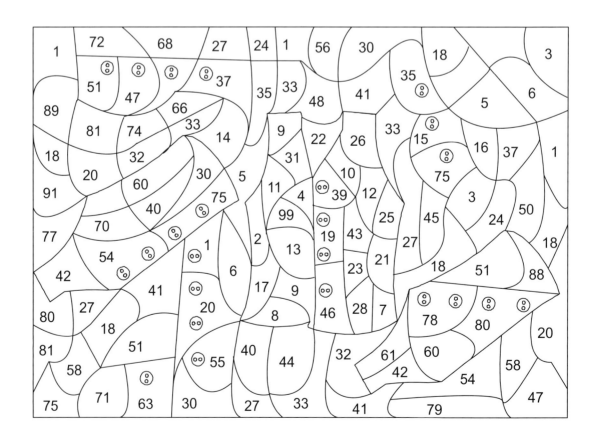

B. Jaglarz/G. Bemmerlein: Deutsch als Zweitsprache – Wortschatzübungen
© Persen Verlag

Im Kaufhaus – Kreuzworträtsel
Löse das Kreuzworträtsel.

12

8

13

11

3

1

2

3

4

1

5

6

4

7

8

9

10

11

7

2

12

13

14

9

15

6

15

16

14

5

10

16

Lösung: ....

Im Internetshop

Kennst du alle 50 Artikel aus dem Internetshop?
Schreibe sie auf.

....

....

....

....

....

....

....

....

....

....

....

....

Lösungen – Seite 6

Wie heißt du?
Beantworte die Frage.

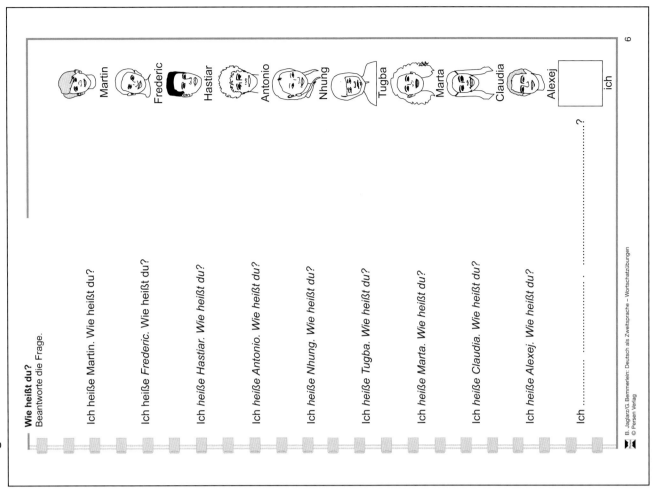

Martin
Frederic
Hastiar
Antonio
Nhung
Tugba
Marta
Claudia
Alexej
ich

Ich heiße *Martin*. Wie heißt du?

Ich heiße *Frederic*. Wie heißt du?

Ich heiße *Hastiar*. Wie heißt du?

Ich heiße *Antonio*. Wie heißt du?

Ich heiße *Nhung*. Wie heißt du?

Ich heiße *Tugba*. Wie heißt du?

Ich heiße *Marta*. Wie heißt du?

Ich heiße *Claudia*. Wie heißt du?

Ich heiße *Alexej*. Wie heißt du?

Ich .... ?

B. Jaglarz/G. Bemmerlein: Deutsch als Zweitsprache – Wortschatzübungen
© Persen Verlag

6

Begrüßungen in Deutschland
Trage ein: Gute Nacht – ~~Hallo~~ – Auf Wiedersehen – Guten Morgen – Tschüss –
Guten Tag – Guten Abend

Tschüss

Auf Wiedersehen

Gute Nacht

Guten Morgen

Guten Tag

Hallo

Guten Abend

B. Jaglarz/G. Bemmerlein: Deutsch als Zweitsprache – Wortschatzübungen
© Persen Verlag

5

Lösungen – Seite 7

Woher kommst du?
Beantworte die Frage.

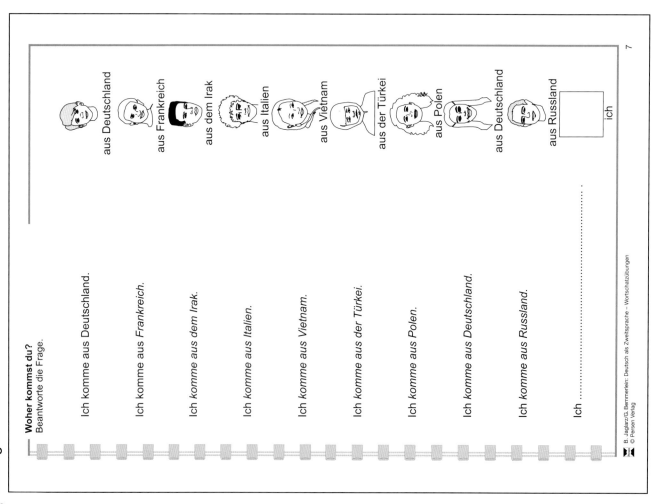

Ich komme aus Deutschland.

Ich komme aus *Frankreich.*

Ich *komme aus dem Irak.*

Ich *komme aus Italien.*

Ich *komme aus Vietnam.*

Ich *komme aus der Türkei.*

Ich *komme aus Polen.*

Ich *komme aus Deutschland.*

Ich *komme aus Russland.*

Ich ....

aus Deutschland

aus Frankreich

aus dem Irak

aus Italien

aus Vietnam

aus der Türkei

aus Polen

aus Deutschland

aus Russland

ich

B. Jaglarz/G. Bemmerlein: Deutsch als Zweitsprache – Wortschatzübungen
© Persen Verlag

7

Lösungen – Seite 8

Wie alt bist du?
Beantworte die Frage.

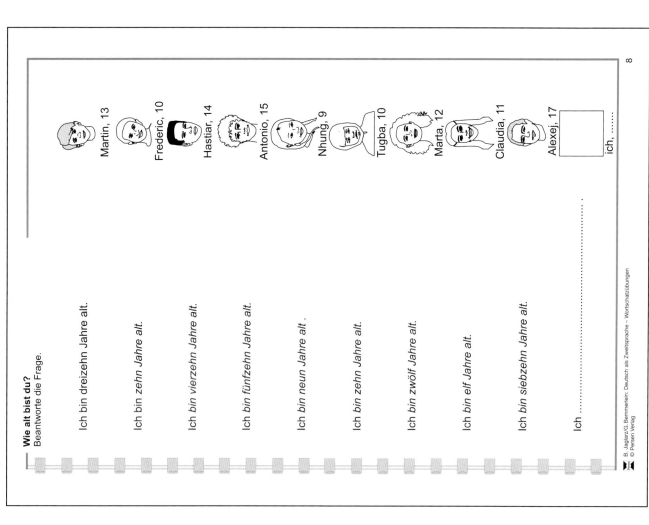

Ich bin dreizehn Jahre alt.

Ich bin *zehn Jahre alt.*

Ich *bin vierzehn Jahre alt.*

Ich *bin fünfzehn Jahre alt.*

Ich *bin neun Jahre alt .*

Ich *bin zehn Jahre alt.*

Ich *bin zwölf Jahre alt.*

Ich *bin elf Jahre alt.*

Ich *bin siebzehn Jahre alt.*

Ich ....

Martin, 13

Frederic, 10

Hastiar, 14

Antonio, 15

Nhung, 9

Tugba, 10

Marta, 12

Claudia, 11

Alexej, 17

ich, ...

B. Jaglarz/G. Bemmerlein: Deutsch als Zweitsprache – Wortschatzübungen
© Persen Verlag

8

Teste dich!

Kennst du Martin?
Beantworte die Fragen für Martin.

Wie heißt du? (Martin)
Ich heiße Martin.

Wo kommst du her? (Deutschland)
Ich komme aus Deutschland.

Wie alt bist du? (13)
Ich bin dreizehn Jahre alt.

Wo wohnst du? (Berlin)
Ich wohne in Berlin.

Wie ist deine Telefonnummer? (6842)
Meine Telefonnummer ist sechs acht vier zwei.

Was antwortest du?

Wie heißt du?
....

Wo kommst du her?
....

Wie alt bist du?
....

Wo wohnst du?
....

Wie ist deine Telefonnummer?
....

B. Jaglarz/G. Bemmerlein: Deutsch als Zweitsprache – Wortschatzübungen
© Persen Verlag

11

Wie ist deine Telefonnummer?
Beantworte die Frage.

Martin, 6842
Meine *Telefonnummer ist sechs acht vier zwei.*

Frederic, 7450
Meine *Telefonnummer ist sieben vier fünf null.*

Hastiar, 31417
Meine *Telefonnummer ist drei eins vier eins sieben.*

Antonio, 83504
Meine *Telefonnummer ist acht drei fünf null vier.*

Nhung, 25049
Meine *Telefonnummer ist zwei fünf null vier neun.*

Tugba, 579031
Meine *Telefonnummer ist fünf sieben neun null drei eins.*

Marta, 4982
Meine *Telefonnummer ist vier neun acht zwei.*

Claudia, 68513
Meine *Telefonnummer ist sechs acht fünf eins drei.*

Alexej, 65566
Meine *Telefonnummer ist sechs fünf fünf sechs sechs.*

ich, ...

Meine ....

B. Jaglarz/G. Bemmerlein: Deutsch als Zweitsprache – Wortschatzübungen
© Persen Verlag

9

72

Lösungen – Seite 12

Martins Familie
Vervollständige die Sätze.

die Großmutter
(Hiltrud, 68)
Hausfrau

die Mutter
(Hanne, 39)
Lehrerin

die Schwester
(Bianca, 16)
Schülerin

→ die Großeltern

→ die Eltern

→ die Geschwister

der Großvater
(Wolfgang, 70)
Elektriker

der Vater
(Georg, 41)
Arzt

der Bruder
(Andreas, 14)
Schüler

(Martin, 13)
Schüler

- Die Großmutter heißt Hiltrud.
  Sie ist 68 Jahre alt. Sie ist Hausfrau.

- Der Großvater heißt Wolfgang.
  Er ist 70 Jahre alt. Er ist Elektriker.

- Die Mutter heißt *Hanne*.

  Sie ist 39 *Jahre alt. Sie ist Lehrerin.*

- Der Vater *heißt Georg.*

  Er *ist 41 Jahre alt. Er ist Arzt.*

- Die Schwester *heißt Bianca.*

  Sie *ist 16 Jahre alt. Sie ist Schülerin.*

- Der Bruder *heißt Andreas.*

  Er *ist 14 Jahre alt. Er ist Schüler.*

Lösungen – Seite 14

Das Mäppchen
Trage ein: der Bleistift – das Lineal – der Radiergummi – das Mäppchen – der Anspitzer –
der Füller – das Geodreieck – der Kugelschreiber – der Filzstift – die Schere

Was ist das?
Das ist
der Radiergummi.

Was ist das?
Das ist
der Anspitzer.

Was ist das?
Das ist
das Geodreieck.

Was ist das?
Das ist
der Bleistift.

Was ist das?
Das ist
das Mäppchen.

Was ist das?
Das ist
der Filzstift.

Was ist das?
Das ist
der Füller.

Was ist das?
Das ist
die Schere.

Was ist das?
Das ist
das Lineal.

Was ist das?
Das ist
der Kugelschreiber.

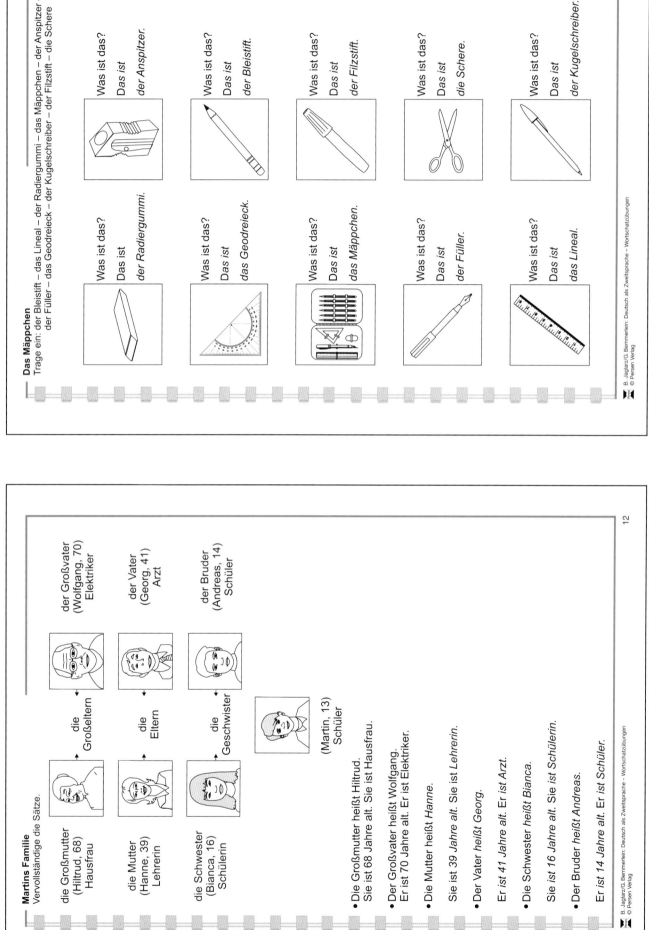

Lösungen – Seite 16

Das Klassenzimmer – Was ist das?
Trage ein: der Tisch – der Papierkorb – die Kreide – die Tür – der Schwamm – die Tafel – der Zeigestock – der Stuhl – das Fenster – die Lampe

Was ist das?
Das ist
der Schwamm.

Was ist das?
Das ist
die Lampe.

Was ist das?
Das ist
der Papierkorb.

Was ist das?
Das ist
die Tafel.

Was ist das?
Das ist
der Stuhl.

Was ist das?
Das ist
der Tisch.

Was ist das?
Das ist
die Kreide.

Was ist das?
Das ist
die Tür.

Was ist das?
Das ist
das Fenster.

Was ist das?
Das ist
der Zeigestock.

16

B. Jaglarz/G. Bemmerlein: Deutsch als Zweitsprache – Wortschatzübungen
© Persen Verlag

Lösungen – Seite 15

Der Schulrucksack
Trage ein: das Heft – der Malkasten – das Buch – der Pinsel – die Brotdose – der Atlas – der Klebstoff – der Zirkel – der Rucksack – der Taschenrechner

Was ist das?
Das ist
der Pinsel.

Was ist das?
Das ist
der Malkasten.

Was ist das?
Das ist
das Buch.

Was ist das?
Das ist
der Rucksack.

Was ist das?
Das ist
der Taschenrechner.

Was ist das?
Das ist
der Klebstoff.

Was ist das?
Das ist
der Atlas.

Was ist das?
Das ist
der Zirkel.

Was ist das?
Das ist
das Heft.

Was ist das?
Das ist
die Brotdose.

ATLAS

Brotdose

15

B. Jaglarz/G. Bemmerlein: Deutsch als Zweitsprache – Wortschatzübungen
© Persen Verlag

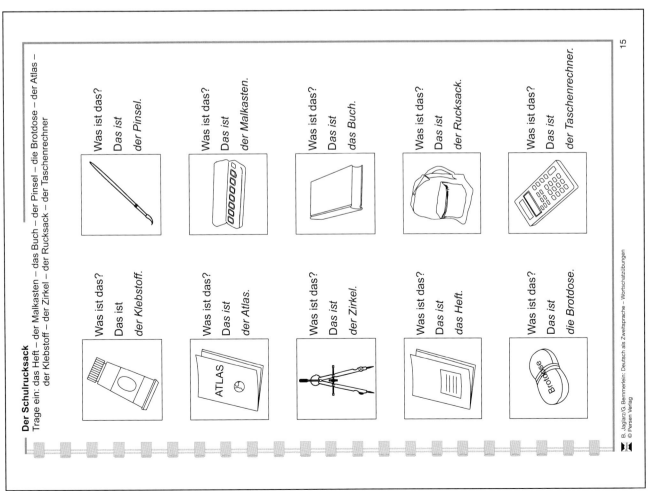

Wer ist das? Was ist das?
Trage die richtige Frage ein.

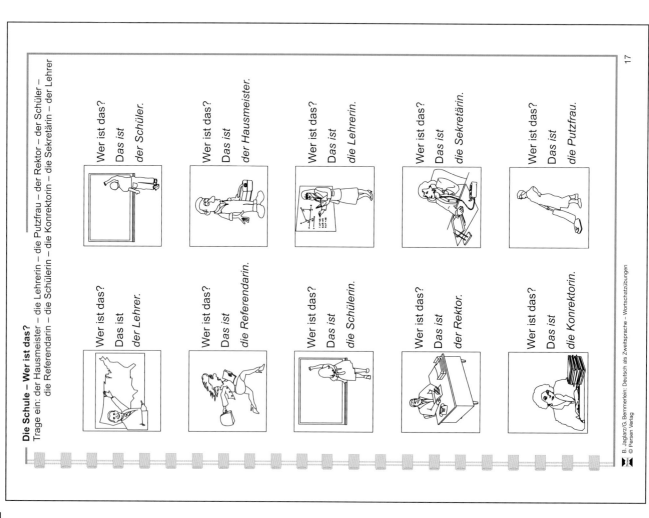

Was ist das?

Wer ist das?

Was ist das?

Was ist das?

Wer ist das?

Was ist das?

Wer ist das?

Wer ist das?

Was ist das?

Wer ist das?

Was ist das?

Wer ist das?

1. Das ist der Pinsel.

2. Das ist die Schülerin.

3. Das ist die Lampe.

4. Das ist das Lineal.

5. Das ist der Hausmeister.

6. Das ist die Schere.

7. Das ist der Schüler.

8. Das ist die Schwester.

9. Das ist das Fenster.

10. Das ist der Rektor.

11. Das ist der Schwamm.

12. Das ist die Mutter.

B. Jaglarz/G. Bemmerlein: Deutsch als Zweitsprache – Wortschatzübungen
© Persen Verlag

18

Die Schule – Wer ist das?
Trage ein: der Hausmeister – die Lehrerin – die Putzfrau – der Rektor – der Schüler –
die Referendarin – die Schülerin – die Konrektorin – die Sekretärin – der Lehrer

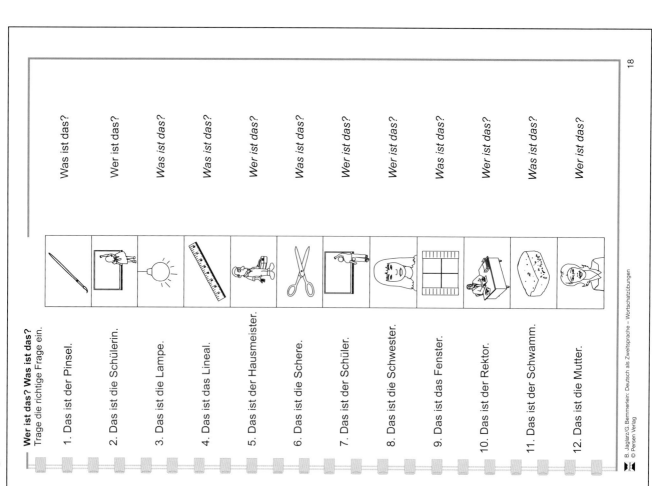

Wer ist das?
Das ist
der Schüler.

Wer ist das?
Das ist
der Hausmeister.

Wer ist das?
Das ist
die Lehrerin.

Wer ist das?
Das ist
die Sekretärin.

Wer ist das?
Das ist
die Putzfrau.

Wer ist das?
Das ist
der Lehrer.

Wer ist das?
Das ist
die Referendarin.

Wer ist das?
Das ist
die Schülerin.

Wer ist das?
Das ist
der Rektor.

Wer ist das?
Das ist
die Konrektorin.

B. Jaglarz/G. Bemmerlein: Deutsch als Zweitsprache – Wortschatzübungen
© Persen Verlag

17

Die Schule – Kreuzworträtsel
Löse das Kreuzworträtsel. (Ä = Ä, Ü = Ü)

1 TISCH
2 RADIERGUMMI
3 LEHRER
4 SCHERE
5 ZIRKEL
6 KUGELSCHREIBER
7 BLEISTIFT
8 LAMPE
9 GEODREIECK
10 HAUSMEISTER
11 LINEAL
12 TASCHENRECHNER
13 ZEIGESTOCK
14 MÄPPCHEN
15 STUHL
16 BUCH
17 MALKASTEN
18 FENSTER
19 TAFEL
20 ANSPITZER
21 SCHWAMM
22 SCHÜLERIN
23 PAPIERKORB

Die Lösung:

H	I	E	R		I	S	T		M	E	I	N	E		S	C	H	U	L	T	A	S	C	H	E
1	2	3	4		5	6	7		8	9	10	11	12		13	14	15	16	17	18	19	20	21	22	23

B. Jaglarz/G. Bemmerlein: Deutsch als Zweitsprache – Wortschatzübungen
© Persen Verlag

20

Die Schule – Suchrätsel
Finde die Wörter.

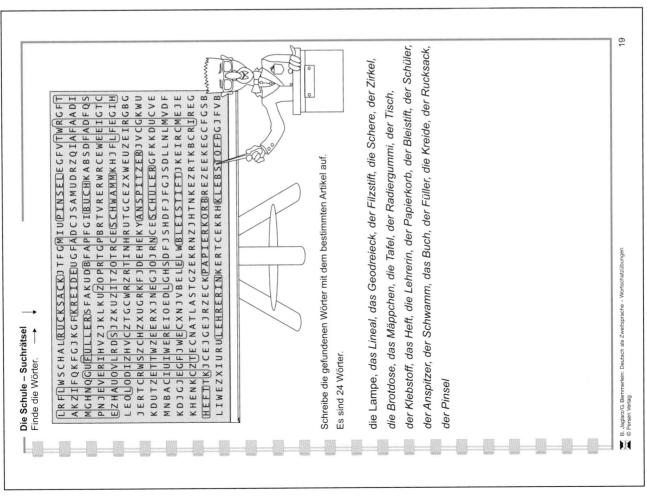

Schreibe die gefundenen Wörter mit dem bestimmten Artikel auf.
Es sind 24 Wörter.

die Lampe, das Lineal, das Geodreieck, der Filzstift, die Schere, der Zirkel, die Brotdose, das Mäppchen, die Tafel, der Radiergummi, der Tisch, der Klebstoff, das Heft, die Lehrerin, der Papierkorb, der Bleistift, der Schüler, der Anspitzer, der Schwamm, das Buch, der Füller, die Kreide, der Rucksack, der Pinsel

B. Jaglarz/G. Bemmerlein: Deutsch als Zweitsprache – Wortschatzübungen
© Persen Verlag

19

Die Schule
Schreibe die Wörter mit Artikel unter das Bild.

Teste dich!

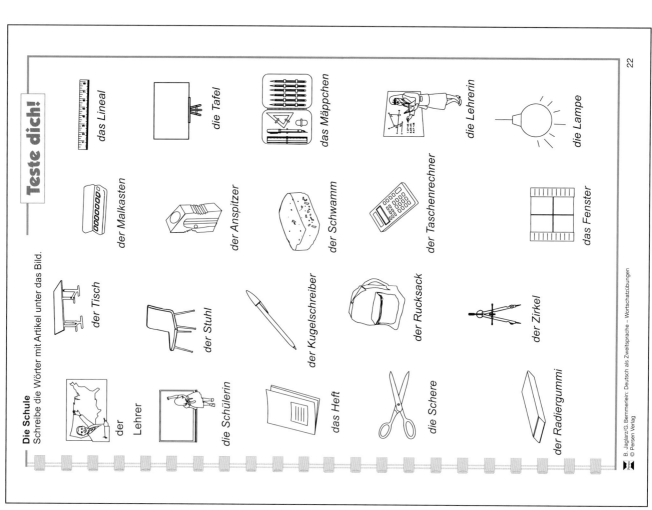

- das Lineal
- die Tafel
- das Mäppchen
- die Lehrerin
- die Lampe
- der Malkasten
- der Anspitzer
- der Schwamm
- der Taschenrechner
- das Fenster
- der Tisch
- der Stuhl
- der Kugelschreiber
- der Rucksack
- der Zirkel
- der Lehrer
- die Schülerin
- das Heft
- die Schere
- der Radiergummi

B. Jaglarz/G. Bemmerlein: Deutsch als Zweitsprache – Wortschatzübungen
© Persen Verlag

22

Die Schule – Kennst du alle Artikel?
Kreuze den richtigen Buchstaben an.

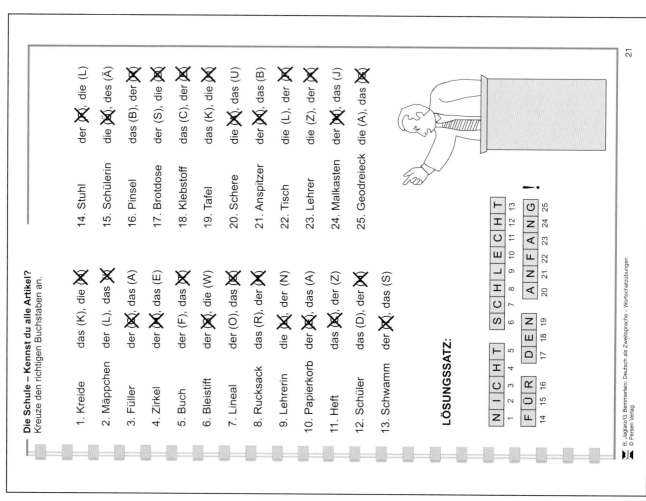

1. Kreide — das (K), die ☒
2. Mäppchen — der (L), das ☒
3. Füller — der ☒, das (A)
4. Zirkel — der ☒, das (E)
5. Buch — der (F), das ☒
6. Bleistift — der ☒, die (W)
7. Lineal — der (O), das ☒
8. Rucksack — das (R), der ☒
9. Lehrerin — die ☒, der (N)
10. Papierkorb — der ☒, das (A)
11. Heft — das ☒, der (Z)
12. Schüler — das (D), der ☒
13. Schwamm — der ☒, das (S)

14. Stuhl — der ☒, die (L)
15. Schülerin — die ☒, des (Ä)
16. Pinsel — das (B), der ☒
17. Brotdose — der (S), die ☒
18. Klebstoff — das (C), der ☒
19. Tafel — das (K), die ☒
20. Schere — die ☒, das (U)
21. Anspitzer — der ☒, das (B)
22. Tisch — die (L), der ☒
23. Lehrer — die (Z), der ☒
24. Malkasten — der ☒, das (J)
25. Geodreieck — die (A), das ☒

LÖSUNGSSATZ:

N	I	C	H	T		S	C	H	L	E	C	H	T	!
1	2	3	4	5		6	7	8	9	10	11	12	13	

F	Ü	R		D	E	N		A	N	F	A	N	G
14	15	16		17	18	19		20	21	22	23	24	25

B. Jaglarz/G. Bemmerlein: Deutsch als Zweitsprache – Wortschatzübungen
© Persen Verlag

21

Der unbestimmte und der bestimmte Artikel
Trage die Wörter aus der Blumenvase in die Tabelle ein.

ein Heft · eine Schülerin · ein Rucksack · eine Schwester · eine Tür · ein Mäppchen · ein Schrank · ein Papierkorb · ein Bleistift · ein Geodreieck · ein Stuhl · eine Brotdose · ein Schwamm · ein Buch · eine Kreide · ein Bruder · ein Lehrer · eine Tafel · ein Pinsel · ein Lineal · ein Fenster · eine Lehrerin

DER	DIE	DAS
der Stuhl	die Schülerin	das Heft
der Papierkorb	die Lehrerin	das Mäppchen
der Pinsel	die Kreide	das Lineal
der Bleistift	die Schwester	das Buch
der Schrank	die Brotdose	das Fenster
der Schwamm	die Tafel	das Geodreieck
der Bruder	die Tür	
der Lehrer		
der Rucksack		

B. Jaglarz/G. Bemmerlein: Deutsch als Zweitsprache – Wortschatzübungen
© Persen Verlag

24

Der bestimmte und der unbestimmte Artikel
Male und schreibe.
der = ein, die = eine, das = ein

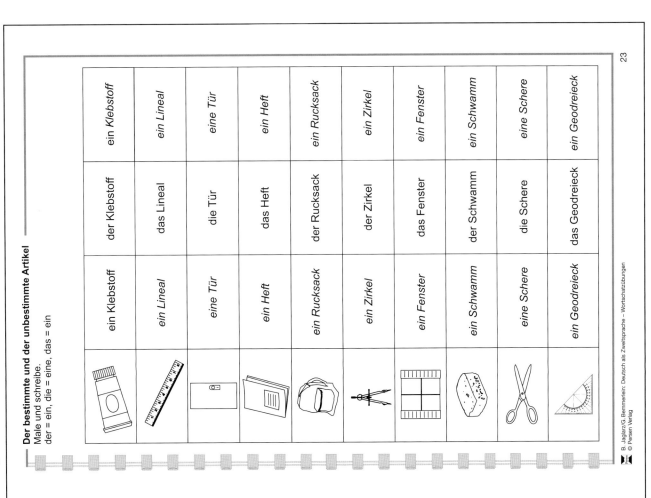

ein Klebstoff	der Klebstoff	ein Klebstoff
ein Lineal	das Lineal	ein Lineal
eine Tür	die Tür	eine Tür
ein Heft	das Heft	ein Heft
ein Rucksack	der Rucksack	ein Rucksack
ein Zirkel	der Zirkel	ein Zirkel
ein Fenster	das Fenster	ein Fenster
ein Schwamm	der Schwamm	ein Schwamm
eine Schere	die Schere	eine Schere
ein Geodreieck	das Geodreieck	ein Geodreieck

B. Jaglarz/G. Bemmerlein: Deutsch als Zweitsprache – Wortschatzübungen
© Persen Verlag

23

Lösungen – Seite 27

Farben suchen
Finde die Farben und male die Farbkleckse aus.

hellgrün

orange

braun

schwarz

violett

hellblau

dunkelrot

grau

dunkelgrün

B. Jaglarz/G. Bemmerlein: Deutsch als Zweitsprache – Wortschatzübungen
© Persen Verlag

Lösungen – Seite 28

Zahlen bis 20
Ergänze die Tabelle.

0	null		vier
1	eins		zwanzig
2	zwei		elf
3	drei		neunzehn
4	vier		fünf
5	fünf		fünfzehn
6	sechs		siebzehn
7	sieben		neun
8	acht		vierzehn
9	neun		zehn
10	zehn		sechs
11	elf		eins
12	zwölf		null
13	dreizehn		acht
14	vierzehn		dreizehn
15	fünfzehn		achtzehn
16	sechzehn		drei
17	siebzehn		sechzehn
18	achtzehn		sieben
19	neunzehn		zwei
20	zwanzig		zwölf

B. Jaglarz/G. Bemmerlein: Deutsch als Zweitsprache – Wortschatzübungen
© Persen Verlag

Eine kleine Mathematik
Schreibe in Wörtern.

16	+	73	=	89
sechzehn	plus	dreiundsiebzig	gleich	neunundachtzig
1. 87	–	43	=	44
siebenundachtzig	minus	dreiundvierzig	gleich	vierundvierzig
2. 25	·	4	=	100
fünfundzwanzig	mal	vier	gleich	hundert
3. 96	:	12	=	8
sechsundneunzig	geteilt durch	zwölf	gleich	acht
4. 57	+	41	=	98
siebenundfünfzig	plus	einundvierzig	gleich	achtundneunzig
5. 94	–	63	=	31
vierundneunzig	minus	dreiundsechzig	gleich	einunddreißig
6. 12	·	7	=	84
zwölf	mal	sieben	gleich	vierundachtzig
7. 72	:	12	=	6
zweiundsiebzig	geteilt durch	zwölf	gleich	sechs

B. Jaglarz/G. Bemmerlein: Deutsch als Zweitsprache – Wortschatzübungen
© Persen Verlag

30

Zahlen ab 20
Ergänze die Tabelle.

20	zwanzig
21	einundzwanzig
22	zweiundzwanzig
23	dreiundzwanzig
24	vierundzwanzig
25	fünfundzwanzig
26	sechsundzwanzig
27	siebenundzwanzig
28	achtundzwanzig
29	neunundzwanzig
30	dreißig
40	vierzig
50	fünfzig
60	sechzig
70	siebzig
80	achtzig
90	neunzig
100	hundert
1 000	tausend
1 000 000	eine Million

564 168 246 461 462 346???

35 468 246 844 648 642 464!!!

B. Jaglarz/G. Bemmerlein: Deutsch als Zweitsprache – Wortschatzübungen
© Persen Verlag

29

Lösungen – Seite 32

Schecks ausfüllen
Schreibe die Beträge als Wörter.

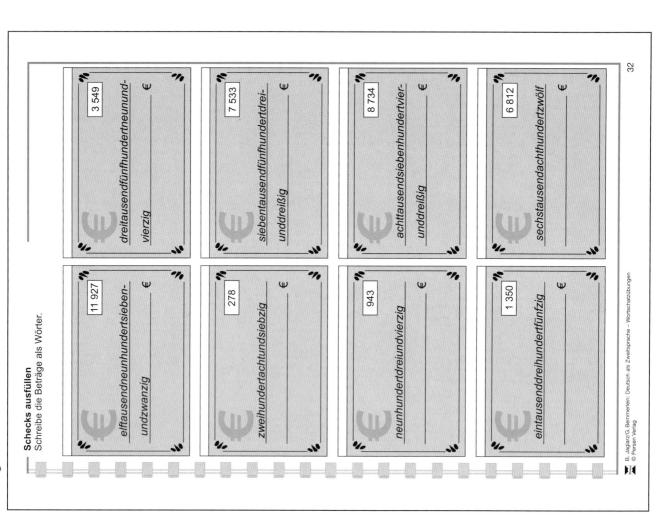

11 927 € — *elftausendneunhundertsieben-undzwanzig*	3 549 € — *dreitausendfünfhundertneunund-vierzig*
278 € — *zweihundertachtundsiebzig*	7 533 € — *siebentausendfünfhundertdrei-unddreißig*
943 € — *neunhundertdreiundvierzig*	8 734 € — *achttausendsiebenhundertvier-unddreißig*
1 350 € — *eintausenddreihundertfünfzig*	6 812 € — *sechstausendachthundertzwölf*

B. Jaglarz/G. Bemmerlein: Deutsch als Zweitsprache – Wortschatzübungen
© Persen Verlag

32

Lösungen – Seite 31

Telefonnummern
Schreibe die Ziffern der Telefonnummern als Wörter.

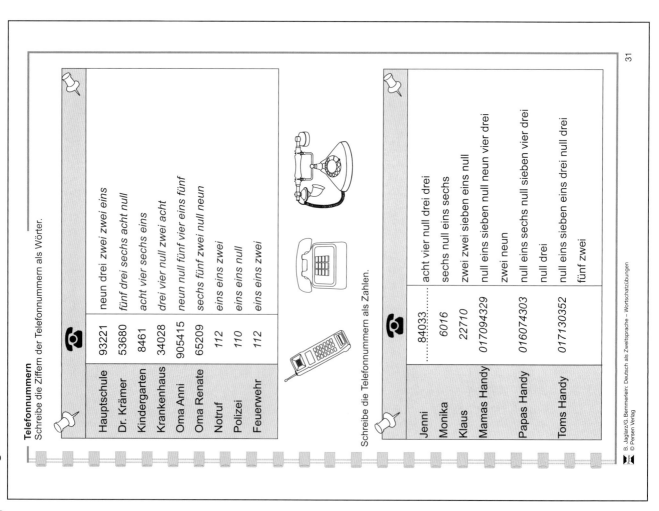

Hauptschule	93221	neun drei zwei zwei eins
Dr. Krämer	53680	*fünf drei sechs acht null*
Kindergarten	8461	*acht vier sechs eins*
Krankenhaus	34028	*drei vier null zwei acht*
Oma Anni	905415	*neun null fünf vier eins null*
Oma Renate	65209	*sechs fünf zwei null neun*
Notruf	112	*eins eins zwei*
Polizei	110	*eins eins null*
Feuerwehr	112	*eins eins zwei*

Schreibe die Telefonnummern als Zahlen.

Jenni	84033	acht vier null drei drei
Monika	*6016*	sechs null eins sechs
Klaus	*22710*	zwei zwei sieben eins null
Mamas Handy	*017094329*	null eins sieben null neun vier drei zwei neun
Papas Handy	*016074303*	null eins sechs null sieben vier drei null drei
Toms Handy	*017130352*	null eins sieben eins drei null drei fünf zwei

B. Jaglarz/G. Bemmerlein: Deutsch als Zweitsprache – Wortschatzübungen
© Persen Verlag

31

Lösungen – Seite 34

Die Zahlen

Teste dich!

1. Schreibe die Zahlen als Wörter.

937   *neunhundertsiebenunddreißig*

2451   *zweitausendvierhunderteinundfünfzig*

604   *sechshundertvier*

8623   *achttausendsechshundertdreiundzwanzig*

4677   *viertausendsechshundertsiebenundsiebzig*

2. Schreibe die Preise als Zahlen.

dreihundertvier   304 €

viertausendsechsundachtzig   4 086 €

achthundertelf   811 €

siebentausenddreihundertvierzig   7 340 €

dreiunddreißigtausendzweihundertfünfzig   33 250 €

3. Schreibe die Zahlen der Größe nach geordnet.

dreiundsechzig   *null*   sechzehn   einundsechzig   zweiundvierzig

neunzig   sieben   vierundsiebzig   siebenhundertzweiunddreißig

zweihunderteins   zehn   dreitausendfünfhundertelf   achtundfünfzig

0, 7, 10, 16, 42, 58, 61, 63, 74, 90, 201, 732, 3 511

B. Jaglarz/G. Bemmerlein: Deutsch als Zweitsprache – Wortschatzübungen
© Persen Verlag

Lösungen – Seite 33

Gemischte Zahlen
Finde die Zahlen und male die Felder rot aus.

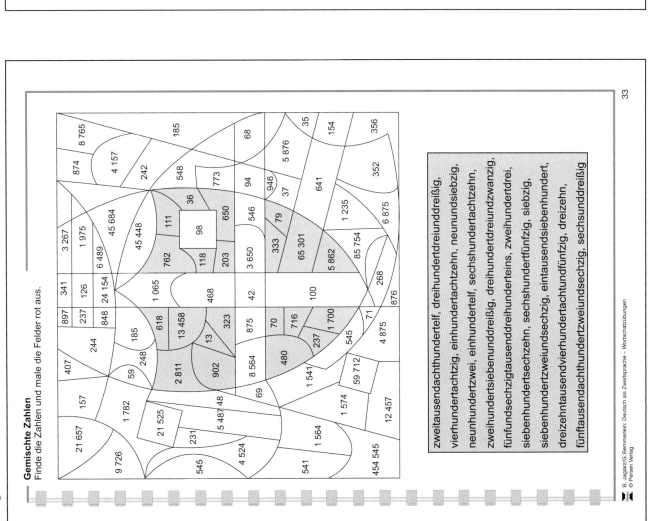

zweitausendachthundertelf, dreihundertdreiunddreißig, vierhundertsiebzig, einhundertachtzehn, neunundsiebzig, neunhundertzwei, einhundertelf, sechshundertachtzehn, zweihundertsiebenunddreißig, dreihundertdreiundzwanzig, fünfundsechzigtausenddreihunderteins, zweihundertdrei, siebenhundertsechzehn, sechshundertfünfzig, siebzig, siebenhundertzweiundsechzig, eintausendsiebenhundert, dreizehntausendzweihundertachtundfünfzig, dreizehn, fünftausendachthundertzweiundsechzig, sechsunddreißig

B. Jaglarz/G. Bemmerlein: Deutsch als Zweitsprache – Wortschatzübungen
© Persen Verlag

Lösungen – Seite 36

Im Werkraum
Kreuze den richtigen Buchstaben an (A) und finde das Lösungswort.

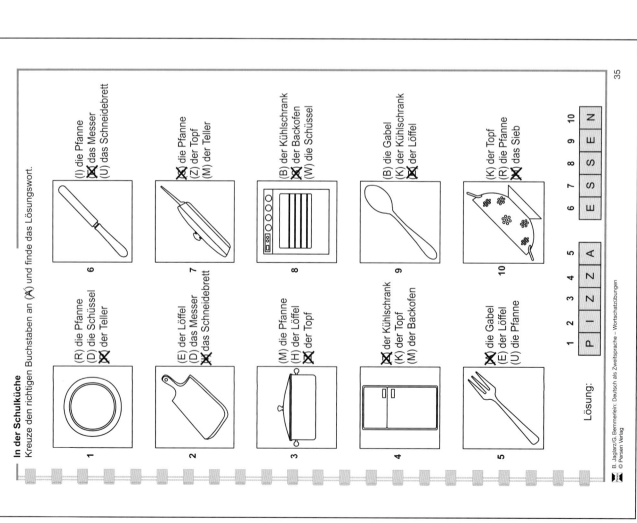

1
(X) der Schraubenzieher
(M) der Nagel
(B) die Feile

2
(X) die Bohrmaschine
(A) die Zwinge
(U) die Säge

3
(S) die Feile
(K) die Zange
(X) der Schraubenschlüssel

4
(X) die Säge
(B) die Schraube
(O) die Zange

5
(U) die Säge
(X) der Hammer
(M) der Nagel

6
(K) die Säge
(X) die Zwinge
(O) die Zange

7
(L) der Hammer
(E) die Zange
(X) der Nagel

8
(X) die Zange
(M) die Säge
(K) der Nagel

9
(B) die Zwinge
(A) die Schraube
(X) die Feile

10
(T) die Zange
(X) die Schraube
(S) die Säge

Lösungswort:

1	2	3	4	5	6	7	8	9	10
W	E	R	K	L	E	H	R	E	R

B. Jaglarz/G. Bemmerlein: Deutsch als Zweitsprache – Wortschatzübungen
© Persen Verlag

Lösungen – Seite 35

In der Schulküche
Kreuze den richtigen Buchstaben an (A) und finde das Lösungswort.

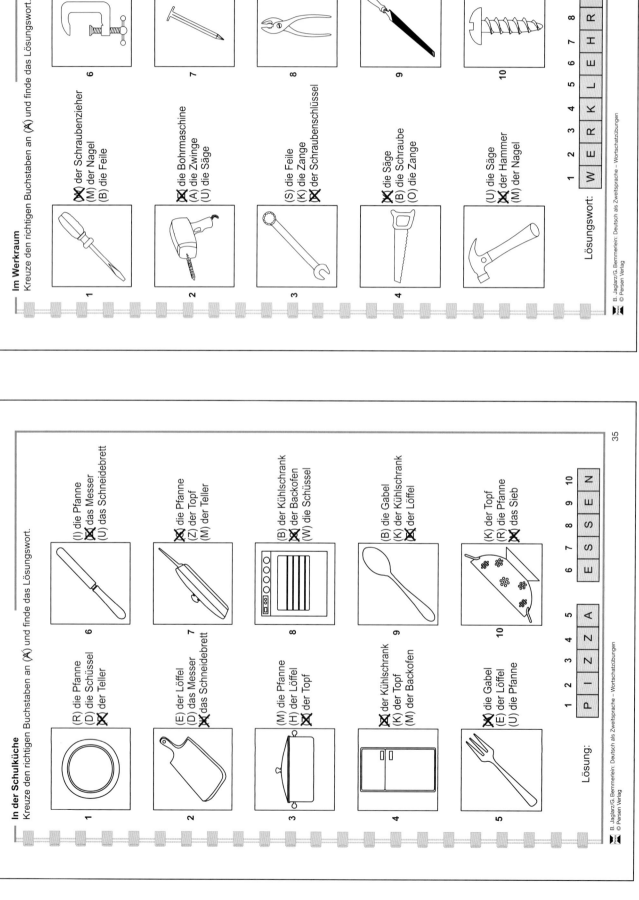

1
(R) die Pfanne
(D) die Schüssel
(X) der Teller

2
(E) der Löffel
(D) das Messer
(X) das Schneidebrett

3
(M) die Pfanne
(H) der Löffel
(X) der Topf

4
(X) der Kühlschrank
(K) der Topf
(M) der Backofen

5
(X) die Gabel
(E) der Löffel
(U) die Pfanne

6
(I) die Pfanne
(X) das Messer
(U) das Schneidebrett

7
(X) die Pfanne
(Z) der Topf
(M) der Teller

8
(B) der Kühlschrank
(X) der Backofen
(W) die Schüssel

9
(B) die Gabel
(K) der Kühlschrank
(X) der Löffel

10
(K) der Topf
(R) die Pfanne
(X) das Sieb

Lösung:

1	2	3	4	5	6	7	8	9	10
P	I	Z	Z	A	E	S	S	E	N

B. Jaglarz/G. Bemmerlein: Deutsch als Zweitsprache – Wortschatzübungen
© Persen Verlag

Im Computerraum

die Maus – der Joystick – der Prozessor – der Scanner – der Videorekorder – der Monitor – die Rechnereinheit – der Lautsprecher – die Videokamera – die Tastatur – die Diskette – das CD-ROM-Laufwerk – der Drucker – die Festplatte

die Rechnereinheit

die Festplatte

der Videorekorder

der Drucker

der Prozessor

der Scanner

der Monitor

die Tastatur

der Lautsprecher

die Maus

die Videokamera

die Diskette

der Joystick

das CD-ROM-Laufwerk

B. Jaglarz/G. Bemmerlein: Deutsch als Zweitsprache – Wortschatzübungen
© Persen Verlag

37

Im Musikraum

Kreuze den richtigen Buchstaben an (X) und finde das Lösungswort.

1.
(W) der Flügel
(D) die Trompete
(X) die Tastatur

2.
(I) die Gitarre
(X) die Geige
(O) die Trompete

3.
(X) die Trompete
(R) die Geige
(K) die Tastatur

4.
(K) die Triangel
(X) das Mikrofon
(O) der Lautsprecher

5.
(E) die Flöte
(N) die Geige
(X) der Flügel

6.
(K) die Flöte
(X) die Gitarre
(O) die Geige

7.
(X) die Triangel
(Ü) die Flöte
(A) die Trompete

8.
(P) der Lautsprecher
(M) die Flöte
(X) der Kassettenrekorder

9.
(A) die Trompete
(X) die Flöte
(N) das Mikrofon

10.
(X) der Lautsprecher
(W) der Kassettenrekorder
(M) die Tastatur

Lösungswort:

1	2	3	4	5
M	U	S	I	K

6	7	8	9	10
H	Ö	R	E	N

B. Jaglarz/G. Bemmerlein: Deutsch als Zweitsprache – Wortschatzübungen
© Persen Verlag

38

Lösungen – Seite 40

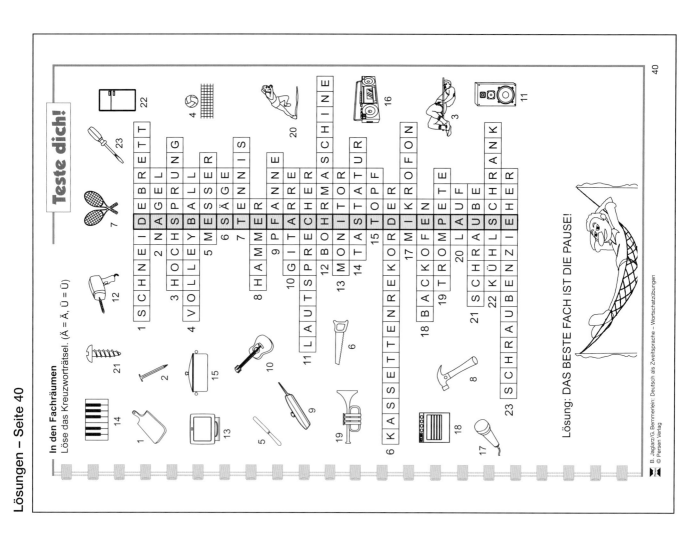

In den Fachräumen
Löse das Kreuzworträtsel. (Ä = Ä, Ü = Ü)

Lösung: DAS BESTE FACH IST DIE PAUSE!

B. Jaglarz/G. Bemmerlein: Deutsch als Zweitsprache – Wortschatzübungen
© Persen Verlag

40

Lösungen – Seite 39

In der Turnhalle
Kreuze die richtige Zahl an: ✗

Volleyball ✗ Basketball 10	Tischtennis ✗ Badminton 8	Tennis ✗ Basketball	Hochsprung ✗ Weitsprung 4	Hochsprung ✗ Weitsprung 1
Tischtennis 9 Badminton ✗	Volleyball 7 Fußball ✗	Turnen ✗ Weitsprung	Fußball ✗ Basketball 5	Lauf ✗ Weitsprung 8
		✗ 6	✗ 2	

Schneide das Bild aus, lege die Teile auf die angekreuzten Zahlen.

B. Jaglarz/G. Bemmerlein: Deutsch als Zweitsprache – Wortschatzübungen
© Persen Verlag

39

Lösungen – Seite 41

Einzahl – Mehrzahl
Schreibe die Einzahl und die Mehrzahl.

die Schere		die Scheren
das Heft		die Hefte
der Topf		die Töpfe
die Lampe		die Lampen
der Ball		die Bälle
die Flöte		die Flöten
die Maus		die Mäuse
der Schwamm		die Schwämme
die Gabel		die Gabeln
das Buch		die Bücher
der Stuhl		die Stühle
der Nagel		die Nägel
das Mäppchen		die Mäppchen
der Pinsel		die Pinsel
der Kugelschreiber		die Kugelschreiber

41

B. Jaglarz/G. Bemmerlein: Deutsch als Zweitsprache – Wortschatzübungen
© Persen Verlag

Lösungen – Seite 42

Mehrzahl – Einzahl
Schreibe die Einzahl.

fünf Flöten – *eine Flöte*

zehn Schwämme – *ein Schwamm*

zwei Kugelschreiber – *ein Kugelschreiber*

sieben Töpfe – *ein Topf*

vier Zirkel – *ein Zirkel*

zwanzig Lehrerinnen – *eine Lehrerin*

acht Bälle – *ein Ball*

sechs Löffel – *ein Löffel*

neunzig Disketten – *eine Diskette*

dreizehn Schüler – *ein Schüler*

drei Gitarren – *eine Gitarre*

fünf Mäppchen – *ein Mäppchen*

dreißig Stühle – *ein Stuhl*

fünf Pfannen – *eine Pfanne*

sechs Gabeln – *eine Gabel*

zehn Schränke – *ein Schrank*

achtzig Nägel – *ein Nagel*

zwei Omas – *eine Oma*

fünfzehn Bücher – *ein Buch*

elf Mädchen – *ein Mädchen*

42

B. Jaglarz/G. Bemmerlein: Deutsch als Zweitsprache – Wortschatzübungen
© Persen Verlag

85

Lösungen – Seite 43

Der Kopf
Trage ein: das Auge – der Hals – der Mund – die Nase – der Zahn – die Wange – das Ohr –
die Zunge – die Augenbraue – die Wimpern – die Haare – die Stirn

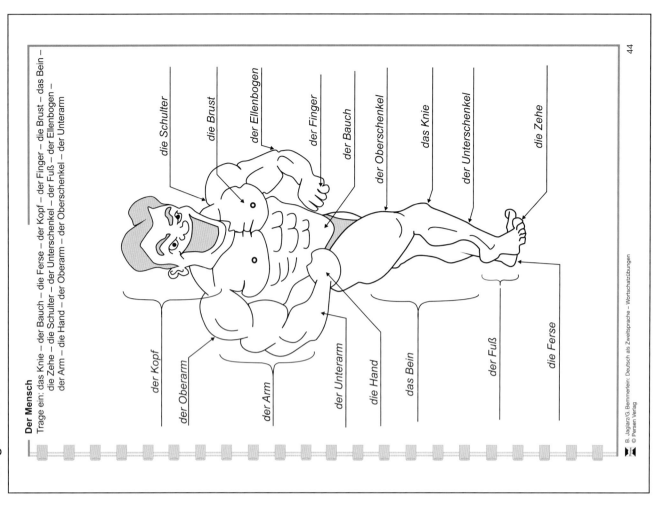

die Haare

die Stirn

die Wimpern

die Nase

der Mund

der Hals

die Augenbraue

das Ohr

das Auge

die Wange

der Zahn

die Zunge

43

Lösungen – Seite 44

Der Mensch
Trage ein: das Knie – der Bauch – die Ferse – der Kopf – der Finger – die Brust – das Bein –
die Zehe – die Schulter – der Unterschenkel – der Fuß – der Ellenbogen –
der Arm – die Hand – der Oberarm – der Oberschenkel – der Unterarm

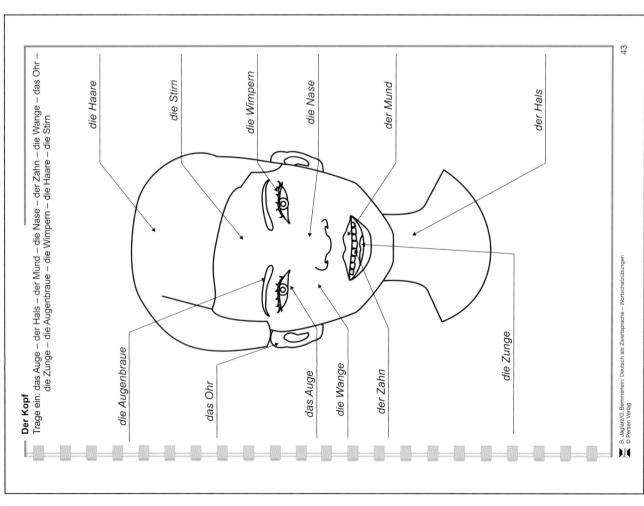

die Schulter

die Brust

der Ellenbogen

der Finger

der Bauch

der Oberschenkel

das Knie

der Unterschenkel

die Zehe

der Kopf

der Oberarm

der Arm

der Unterarm

die Hand

das Bein

der Fuß

die Ferse

44

Lösungen – Seite 45

Der Mensch – Suchrätsel
Hier haben sich 17 Körperteile versteckt. Finde sie! →

```
K J F E R S E F B M J H G K U W F V B C J F G V I S K G V H S K F A
S K G F K S D V F U S K J O K F D S H A L S V J B K D F J A S B K U
K S J F H S K J V N K J D P L S V B K S L H F S L J B V K N S J V G
S B V F K J B F K D B V S F D J F S B K S D J B F V A S L D D B G E
K S J K S J D B V K S F K A Z S F C K S B V K S J V K J D S B K K N
O B E R S C H E N K E L U E U Z I H J U G S J G F S C F I G T S F B
K U E Z R I U W T G E I W G N I W U F G D C S J G R H W U E I G W R
O H R V F J W E Z R W I U R G G W L E Z D H S V F K J H W I R G F A
N K S J D T G F G I W U Z E E I F T K S Z E H E A S V F J E N G F U
H D Z A H N I U K F D M S K J S B E G I U K W E I W U E R O W R H E
I K E H R F W N A S E K D S U F H R W L V F I N G E R I E G B K L F
K J E R O U P Q E I U H O G F V K D D F O I W F G B C V O L H L L D
K W B K W U E F U N T E R S C H E N K E L F B C S L D F J W L K F G
```

Schreibe die gefundenen Körperteile mit passendem Artikel auf.

die Augenbraue, der Mund, die Nase, die Stirn,

das Ohr, der Hals, die Zunge, der Zahn, der Kopf,

die Hand, der Finger, die Ferse, die Zehe,

der Oberschenkel, der Unterschenkel, der Bauch,

die Schulter

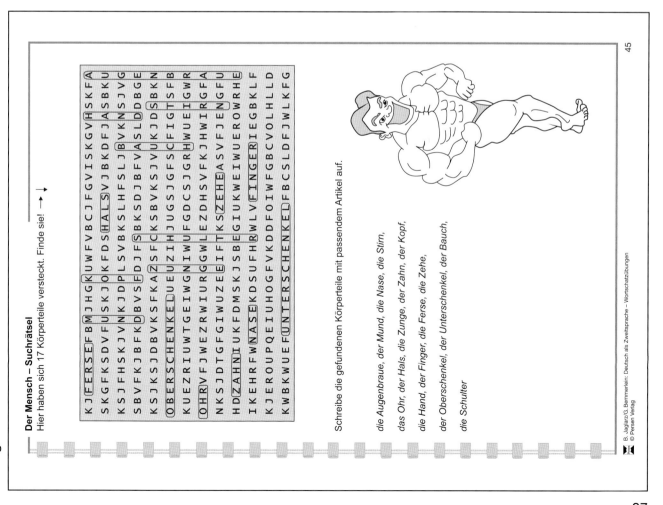

Lösungen – Seite 46

Teste dich!

Der Mensch
Trage die Namen der Körperteile ein.

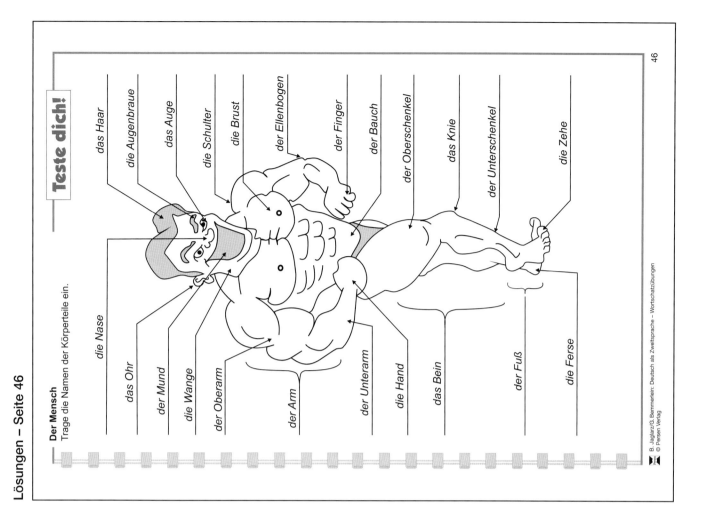

das Haar
die Augenbraue
das Auge
die Schulter
die Brust
der Ellenbogen
der Finger
der Bauch
der Oberschenkel
das Knie
der Unterschenkel
die Zehe

die Nase
das Ohr
der Mund
die Wange
der Oberarm
der Arm
der Unterarm
die Hand
das Bein
der Fuß
die Ferse

87

Lösungen – Seite 47

Im Kleiderschrank

Trage ein: die Hausschuhe – die Stiefel – die Winterschuhe – die Bluse – der Rock – die Mütze – das Kleid – die Weste – der Schal – die Unterhose – die Socken – die Hose – der Pullover – die Handschuhe – das Unterhemd – das Halstuch – die Sportschuhe – die Krawatte – das T-Shirt – der Gürtel – der Bademantel

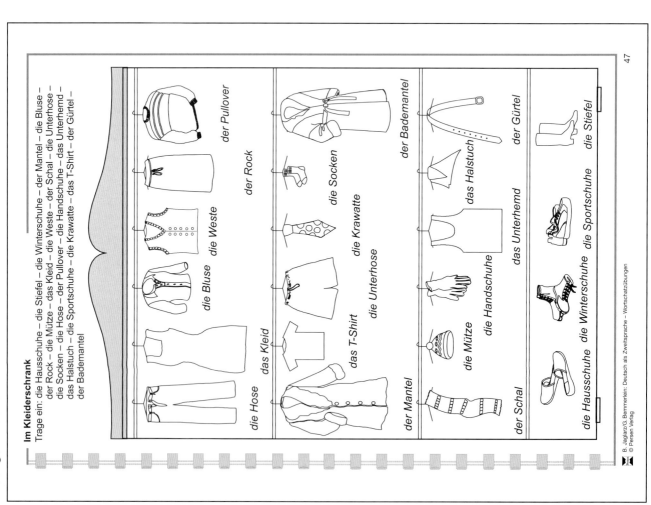

die Hose · das Kleid · die Bluse · die Weste · der Rock · der Pullover

der Mantel · das T-Shirt · die Unterhose · die Krawatte · die Socken · der Bademantel

der Schal · die Mütze · die Handschuhe · das Unterhemd · das Halstuch · der Gürtel

die Hausschuhe · die Winterschuhe · die Sportschuhe · die Stiefel

B. Jaglarz/G. Bemmerlein: Deutsch als Zweitsprache – Wortschatzübungen
© Persen Verlag

Lösungen – Seite 48

Im Bad

Kreuze den richtigen Buchstaben an (X) und finde das Lösungswort.

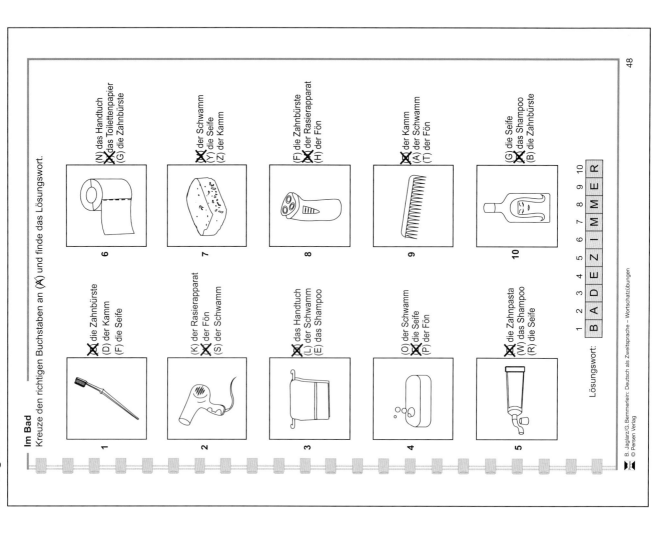

1. (X) die Zahnbürste (D) der Kamm (F) die Seife
2. (K) der Rasierapparat (X) der Fön (S) der Schwamm
3. (X) das Handtuch (L) der Schwamm (E) das Shampoo
4. (O) der Schwamm (X) die Seife (P) der Fön
5. (X) die Zahnpasta (W) das Shampoo (R) die Seife
6. (N) das Handtuch (X) das Toilettenpapier (G) die Zahnbürste
7. (X) der Schwamm (Y) die Seife (Z) der Kamm
8. (F) die Zahnbürste (X) der Rasierapparat (H) der Fön
9. (X) der Kamm (A) der Schwamm (T) der Fön
10. (G) die Seife (X) das Shampoo (B) die Zahnbürste

Lösungswort:

1	2	3	4	5	6	7	8	9	10
B	A	D	E	Z	I	M	M	E	R

B. Jaglarz/G. Bemmerlein: Deutsch als Zweitsprache – Wortschatzübungen
© Persen Verlag

Das Haus der Familie Klug
Wie hat Frau Klug ihr Haus eingerichtet? Trage ein.

DER SPEICHER
- die Bretter
- die Tapetenreste
- die Umzugskartons

DAS SCHLAFZIMMER
- das Bett
- der Kleiderschrank
- der Nachttisch
- die Nachttischlampe
- der Teppich

DAS ARBEITSZIMMER
- der Bürosessel
- der Schreibtisch
- der Computer
- der Drucker
- das Faxgerät

DIE KÜCHE
- die Mikrowelle
- der Esstisch
- der Herd
- die Stühle
- die Küchenzeile

DAS KINDERZIMMER
- das Kinderbett
- der Kassettenrekorder
- die Spielzeugkiste
- die Schrankwand
- das Wandregal

DAS BAD
- die Badewanne
- die Toilette
- der Wandspiegel
- die Dusche
- das Waschbecken

DAS WOHNZIMMER
- die Sitzgruppe
- der Fernseher
- die Glasvitrine
- der Kerzenständer
- das Bild

die Badewanne, der der Fernseher, die Fernseher, die Mikrowelle, der Computer, der Kleiderschrank, der Schreibtisch, die Tapetenreste, der Bürosessel, der Herd, der Nachttisch, die Dusche, der Drucker, die Schrankwand, die Spielzeugkiste, die Bretter, der Kerzenständer, das Kinderbett, der Wandspiegel, das Bild, die Umzugskartons, die Toilette, der Esstisch, das Faxgerät, der Teppich, die Glasvitrine, das Wandregal, der Kassettenrekorder, die Sitzgruppe, die Nachttischlampe, das Bett, die Stühle, die Küchenzeile, das Waschbecken

50

Im Koffer
Trage die richtigen Wörter ein.

Teste dich!

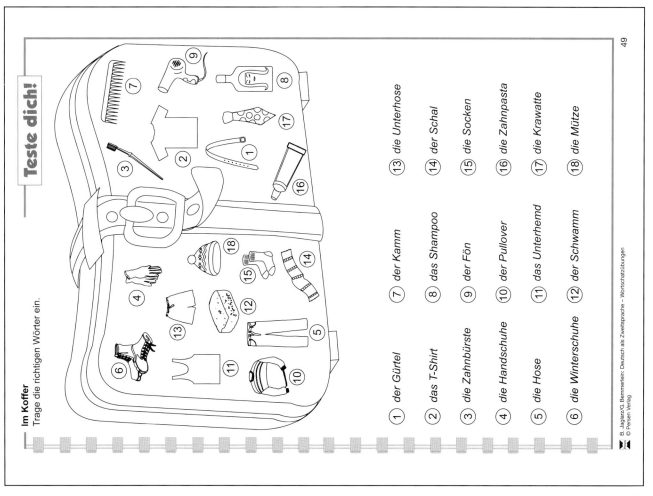

1. der Gürtel
2. das T-Shirt
3. die Zahnbürste
4. die Handschuhe
5. die Hose
6. die Winterschuhe
7. der Kamm
8. das Shampoo
9. der Fön
10. der Pullover
11. das Unterhemd
12. der Schwamm
13. die Unterhose
14. der Schal
15. die Socken
16. die Zahnpasta
17. die Krawatte
18. die Mütze

49

Lösungen – Seite 51

Im Haus der Familie Klug

Was hat die Familie Klug richtig eingeräumt? Kreuze die Zahlen an.

IM WOHNZIMMER

der Topf (5), der Fernseher (X), der Käse (53), die Sitzgruppe (X), das Bild (X), das Messer (63), das Fahrrad (72)

IM KINDERZIMMER

das Kinderbett (X), der Kühlschrank (41), die Spielzeugkiste (X), die Schrankwand (X), die Säge (15), der Käse (2)

IM BAD

der Zucker (19), der Wandspiegel (X), die Dusche (X), das Telefon (3), die Toilette (X), die Badewanne (X), das Sofa (77), das Waschbecken (X)

IN DER KÜCHE

der Esstisch (X), der Pulli (17), der Küchenschrank (X), die Schrauben (1), die Stühle (X), der Hammer (87), die Bohrmaschine (66)

IM SCHLAFZIMMER

die Schrauben (25), die Pfanne (81), das Bett (X), der Teppich (X), der Nachttisch (X), der Fön (4), die Waschmaschine (49)

IM ARBEITSZIMMER

der Schreibtisch (X), die Seife (7), der Computer (X), der Bürosessel (X), der Herd (11), das Faxgerät (X), das Eis (57)

AUF DEM SPEICHER

das Brot (13), die Bretter (X), die Butter (71), die Tapetenreste (X), die Umzugskartons (X), die Torte (9), die Zahnbürste (37)

Male die angekreuzten Zahlen aus.

B. Jaglarz/G. Bemmerlein: Deutsch als Zweitsprache – Wortschatzübungen
© Persen Verlag

Lösungen – Seite 52

Wie viel Uhr ist es? Wie spät ist es?
Zeichne die Uhrzeiger.

NACH · VIERTEL NACH · VOR · HALB · VIERTEL VOR · NACH · VOR

- Es ist fünf Uhr.
- Es ist neun Uhr.
- Es ist halb zwei.
- Es ist halb acht.
- Es ist zwanzig nach elf.
- Es ist Viertel nach sechs.
- Es ist zehn nach eins.
- Es ist dreizehn nach sieben.
- Es ist fünf vor zehn.
- Es ist elf nach drei.
- Es ist zehn vor vier.
- Es ist dreizehn vor acht.

B. Jaglarz/G. Bemmerlein: Deutsch als Zweitsprache – Wortschatzübungen
© Persen Verlag

Lösungen – Seite 53

Wie viel Uhr ist es? Wie spät ist es?
Schreibe die Uhrzeiten.

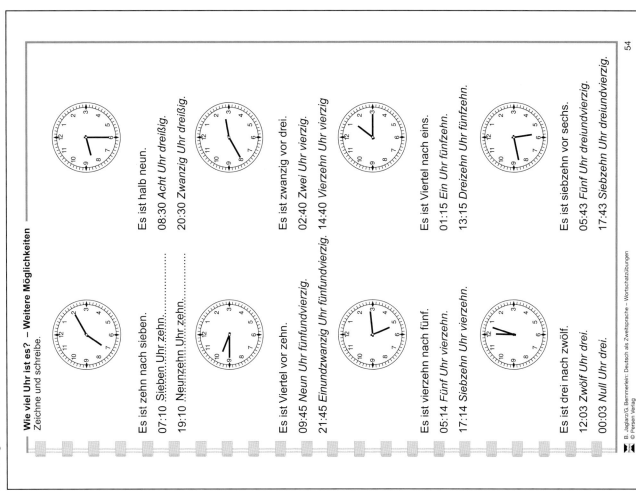

Es ist halb drei.

Es ist genau neun.

Es ist zehn nach fünf.

Es ist halb sieben.

Es ist fünfundzwanzig vor zehn.

Es ist Viertel vor fünf.

Es ist halb fünf.

Es ist Viertel vor acht.

Es ist fünf nach sieben.

Es ist halb sechs.

Es ist zwanzig nach zwölf.

Es ist zehn nach elf.

Es ist fünf nach drei.

Es ist acht vor elf.

Es ist fünfundzwanzig vor eins.

Es ist zwölf vor fünf.

B. Jaglarz/G. Bemmerlein: Deutsch als Zweitsprache – Wortschatzübungen
© Persen Verlag

Lösungen – Seite 54

Wie viel Uhr ist es? – Weitere Möglichkeiten
Zeichne und schreibe.

Es ist halb neun.
08:30 *Acht Uhr dreißig.*
20:30 *Zwanzig Uhr dreißig.*

Es ist zehn nach sieben.
07:10 Sieben Uhr zehn. ....
19:10 *Neunzehn Uhr zehn.* ....

Es ist zwanzig vor drei.
02:40 *Zwei Uhr vierzig.*
14:40 *Vierzehn Uhr vierzig*

Es ist Viertel vor zehn.
09:45 *Neun Uhr fünfundvierzig.*
21:45 *Einundzwanzig Uhr fünfundvierzig.*

Es ist Viertel nach eins.
01:15 *Ein Uhr fünfzehn.*
13:15 *Dreizehn Uhr fünfzehn.*

Es ist vierzehn nach fünf.
05:14 *Fünf Uhr vierzehn.*
17:14 *Siebzehn Uhr vierzehn.*

Es ist siebzehn vor sechs.
05:43 *Fünf Uhr dreiundvierzig.*
17:43 *Siebzehn Uhr dreiundvierzig.*

Es ist drei nach zwölf.
12:03 *Zwölf Uhr drei.*
00:03 *Null Uhr drei.*

B. Jaglarz/G. Bemmerlein: Deutsch als Zweitsprache – Wortschatzübungen
© Persen Verlag

Lösungen – Seite 57

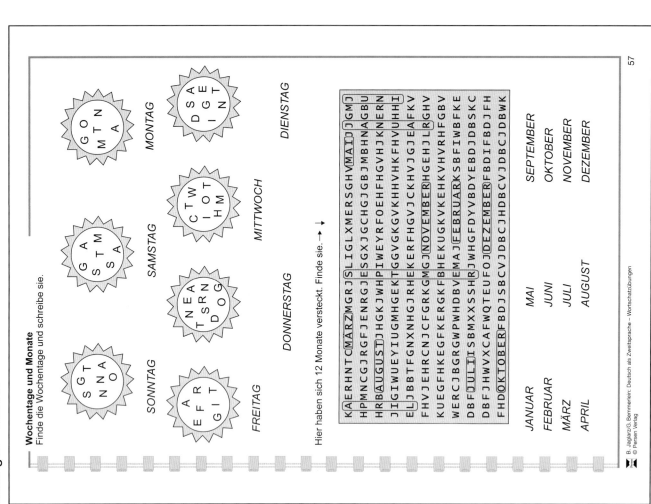

Wochentage und Monate
Finde die Wochentage und schreibe sie.

- G O M T A — *MONTAG*
- G A S T M S A — *SAMSTAG*
- S G T N N A O — *SONNTAG*
- D S A G E I N T — *DIENSTAG*
- C T W I O T H M — *MITTWOCH*
- N E A T S R N D O G — *DONNERSTAG*
- A E F R G I T — *FREITAG*

Hier haben sich 12 Monate versteckt. Finde sie. →

```
KAERHNTCMÄRZMGRJSLIGLXMERSGHVMAIJJGMJ
HPMNCGJRGFJENRGJESGXJGCHGJGBJMBHNAGBU
HRBAUGUSTJHGKJWHPIWEYRFOEHFHGVHJKNERN
JIGIWUEYIUGMHGEKTGGVGKGVKHHVHKFHVUHHI
ELJBBTFGNXNHGJRHEKERFHGVJCKHVJGJEAFKV
FHVJEHRCNJCFGRKGMGJNOVEMBERHGEHJLRGHV
KUEGFHKEGFKERGKFBHEKUGKVKEHKVHVRHFGBV
WERCJBGRGWPWHDBVEMAJFEBRUARKSBFIWBFKE
DBFJULIISBMXXSSHRJWHGFDYVBDYEBDJDBSKC
DBFJHWVXCAFWQTEUFOJDEZEMBERFBDIFBDJFH
FHDOKTOBERFBDJSBCVJDBCJHDBCVJDBCJDBWK
```

JANUAR	MAI
FEBRUAR	JUNI
MÄRZ	JULI
APRIL	AUGUST

SEPTEMBER
OKTOBER
NOVEMBER
DEZEMBER

Lösungen – Seite 55

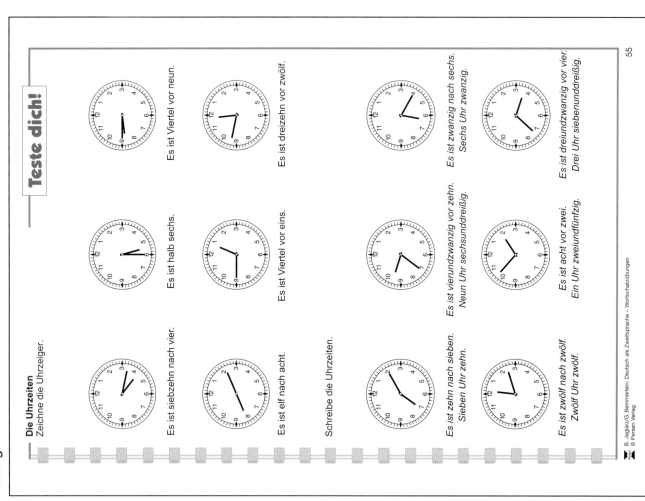

Teste dich!

Die Uhrzeiten
Zeichne die Uhrzeiger.

- Es ist siebzehn nach vier.
- Es ist halb sechs.
- Es ist Viertel vor neun.
- Es ist Viertel vor eins.
- Es ist dreizehn vor zwölf.
- Es ist elf nach acht.

Schreibe die Uhrzeiten.

- *Es ist vierundzwanzig vor zehn.*
  Neun Uhr sechsunddreißig.
- *Es ist zwanzig nach sechs.*
  Sechs Uhr zwanzig.
- *Es ist zehn nach sieben.*
  Sieben Uhr zehn.
- *Es ist acht vor zwei.*
  Ein Uhr zweiundfünfzig.
- *Es ist dreiundzwanzig vor vier.*
  Drei Uhr siebenunddreißig.
- *Es ist zwölf nach zwölf.*
  Zwölf Uhr zwölf.

Lösungen – Seite 59

Teste dich!

Wochentage, Monate, Jahreszeiten
Löse das Kreuzworträtsel.

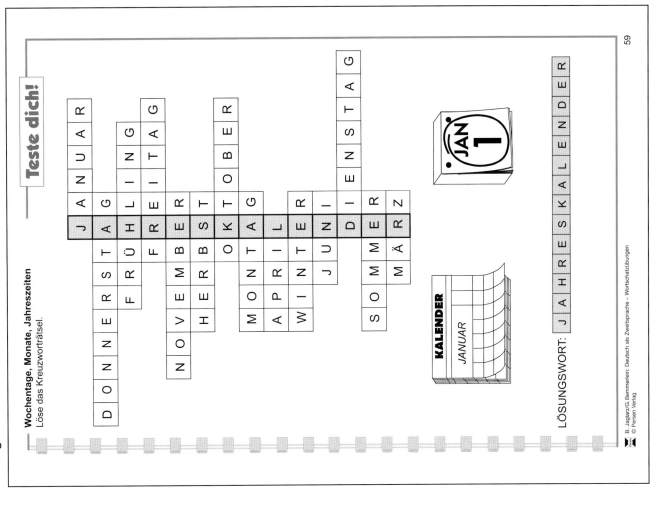

LÖSUNGSWORT: J A H R E S K A L E N D E R

B. Jaglarz/G. Bemmerlein: Deutsch als Zweitsprache – Wortschatzübungen
© Persen Verlag

59

Lösungen – Seite 58

Die Jahreszeiten
Trage die Jahreszeiten ein und male die Felder hellgrün, gelb, rot und blau an.
Die Jahreszeiten: der Frühling, der Sommer, der Herbst, der Winter

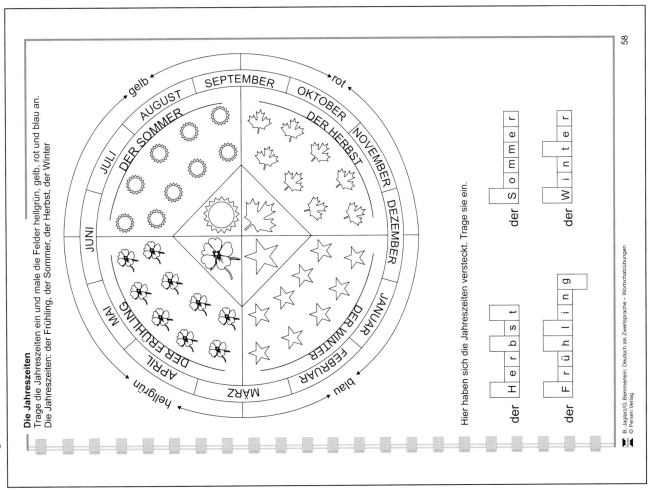

Hier haben sich die Jahreszeiten versteckt. Trage sie ein.

der H e r b s t   der S o m m e r

der F r ü h l i n g   der W i n t e r

B. Jaglarz/G. Bemmerlein: Deutsch als Zweitsprache – Wortschatzübungen
© Persen Verlag

58

Lösungen – Seite 60

Die Lebensmittel

Kreuze den richtigen Buchstaben an (A) und finde das Lösungswort.

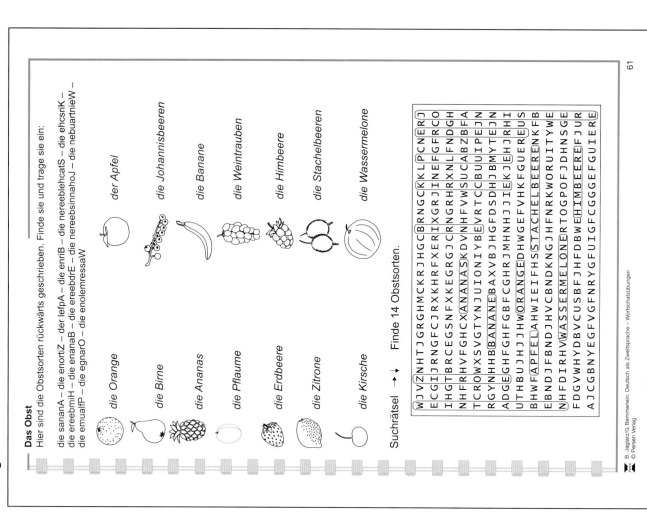

1.
(D) der Fisch
(S) der Käse
(A) die Salami ☒

2.
(I) die Butter ☒
(I) der Fisch
(A) der Käse

3.
(S) das Brot
(K) der Quark
(A) das Brötchen ☒

4.
(W) der Schinken
(E) der Käse ☒
(R) das Brötchen

5.
(U) die Wurst ☒
(I) der Quark
(A) das Ei

6.
(W) die Marmelade
(E) der Schinken ☒
(M) die Salami

7.
(D) die Butter
(R) die Marmelade ☒
(K) der Fisch

8.
(T) das Brötchen
(S) der Schinken
(B) das Ei ☒

9.
(O) das Brot ☒
(A) das Ei
(L) der Käse

10.
(R) der Käse
(O) der Fisch ☒
(S) der Schinken

Lösungswort:

1	2	3	4	5	6	7	8	9	10
B	U	T	T	E	R	B	R	O	T

B. Jaglarz/G. Bemmerlein: Deutsch als Zweitsprache – Wortschatzübungen
© Persen Verlag

Lösungen – Seite 61

Das Obst

Hier sind die Obstsorten rückwärts geschrieben. Finde sie und trage sie ein:

die sananA – die enortiZ – der lefpA – die enriB – die nereeblehcatS – die ehcsriK – die ereebmiH – die enanaB – die ereebdrE – die nereebsinnahoJ – die nebuartnieW – die emualfP – die egnarO – die enolemressaW –

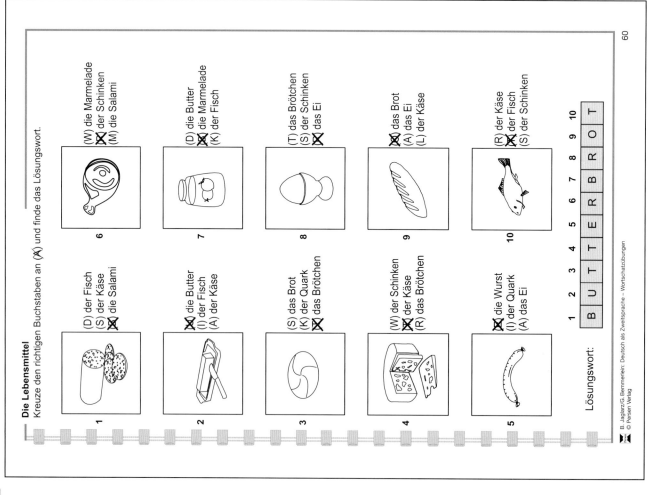

die Orange

die Birne

die Ananas

die Pflaume

die Erdbeere

die Zitrone

die Kirsche

der Apfel

die Johannisbeeren

die Banane

die Weintrauben

die Himbeere

die Stachelbeeren

die Wassermelone

Suchrätsel → Finde 14 Obstsorten.

```
W J V Z N H T J G R G H M C K R J H G C B R N G C K K L P C N E R J
E C G I J R N G F C J R X K H R F X E R I X G R J I N E F G F R C O
I H G T B R C E G S N F X K E G R G J C R N G R H R X N L F N D G H
N H F R H V F G H C X A N A N A S K D V N H F V W S U C A B Z B F A
T C R O W X S V G T Y N J U I O N I Y B E V R T C C B U U I P E J N
R G Y N H H B B A N A N E B A X V B J H G F S D H J B M Y T E J N
A D G E G H F G H F G F C G R J M H N H J J I E K J E H J R H I
U T H B U J H J J H W O R A N G E D H W G E F V H K F G U E R E U S
B H W F A P F E L A H W I E I F H S T A C H E L B E E R E N K F B
E B N D J F B N D J H V C B N D K N G J H F N R K W O R U I T Y W E
N H F D I R H V W A S S E R M E L O N E R T O G P O F J D H N S G E
F D G V W H Y D B V C U S B F J H F D B W H I M B E E R E F J U R
A J C G B N Y E G F V G F N R Y G F U I G F C G G G E F G U I E R E
```

B. Jaglarz/G. Bemmerlein: Deutsch als Zweitsprache – Wortschatzübungen
© Persen Verlag

Lösungen – Seite 63

Obst und Gemüse
Finde Obst und Gemüse. Die fett umrandeten Buchstaben ergeben das Lösungswort.

die W a s s e r m e l o n e (19)
der B r o k k o l i (4)
das R a d i e s c h e n (14)
die S t a c h e l b e e r e (12)
die A n a n a s (16)
der S a l a t (11)
die K a r o t t e (8)

die K a r t o f f e l (6)
der A p f e l (18)
der K n o b l a u c h
die P a p r i k a (10)
der K o h l r a b i (9)
die H i m b e e r e (13)
die K i r s c h e (2)

die E r d b e e r e (3)
die G u r k e (20)
die B i r n e (5)
die W e i n t r a u b e n (15)
die O r a n g e (7)
der L a u c h (17)

Lösungswort:

1	2	3	4	5	6	7	8	9	10	11	12	13	14	15	16	17	18	19	20
E	R	D	B	E	E	R	T	O	R	T	E		M	I	T		S	A	H	N	E

B. Jaglarz/G. Bemmerlein: Deutsch als Zweitsprache – Wortschatzübungen
© Persen Verlag

63

Lösungen – Seite 62

Das Gemüse
Hier sind die Gemüsesorten rückwärts geschrieben. Finde sie und trage sie ein:

die lebeiwZ – der hcuaL – die akirpaP – der hcualbonK – der talaS –
die ekruG – die enhoB – die etamoT – das nehcseidaR – der lhokßieW –
die leffotraK – der ibarlhoK – der ilokkorB – die ettoraK

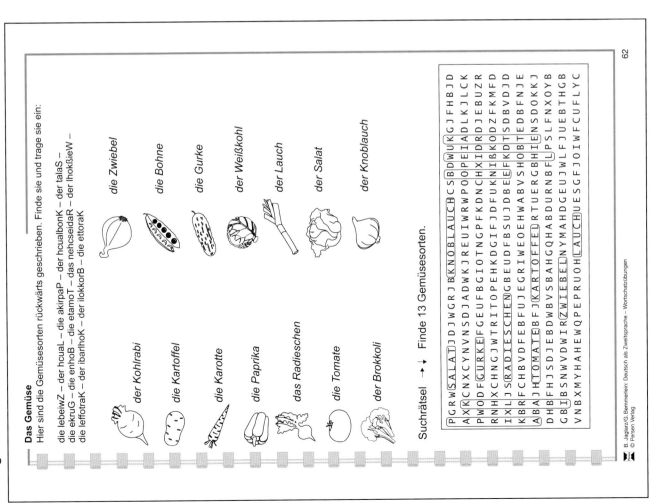

der Kohlrabi
die Kartoffel
die Karotte
die Paprika
das Radieschen
die Tomate
der Brokkoli

die Zwiebel
die Bohne
die Gurke
der Weißkohl
der Lauch
der Salat
der Knoblauch

Suchrätsel → Finde 13 Gemüsesorten.

```
P G R W S A L A T J D J W G R J B K N O B L A U C H C S B D W U K G J F H B J D
A X K C N X C Y N V N S D J A D W K J R E U I W R W P O O P E I A D L K J L C K
P W O D F G U R K E F G E U F B G I O T N G P F K D N C H X I D R D J E B U Z R
R N H X C H N G J W T R I T O P E H K D G I F J D F U K N I ß K I O D Z F K M F D
I X L J S R A D I E S C H E N G B E U D F B S U J D B E E F K D T S D B V D J D
K B R F C H B V D F E B F U J E G R I W E O E H W A B V S H O B T E D B F N J E
A B A J H T O M A T E B F J K A R T O F F E L R T U E R G B H I E N S D O K K J
D H B F H J S D J E B D W B V S B A H G Q H A B D U R N B F L P S L F N X O Y B
G B I B S N W V D W I R Z W I E B E L N Y M A H D G E U J W L F J U E B T H G B
V N B X M Y H A H E W Q P E P R U O H L A U C H U E S G F J O I W F C U F L Y C
```

B. Jaglarz/G. Bemmerlein: Deutsch als Zweitsprache – Wortschatzübungen
© Persen Verlag

62

Lösungen – Seite 65

Im Kaufhaus
Ordne die rückwärts geschriebenen Waren der richtigen Abteilung zu.
Schreibe noch einen Gegenstand dazu.

KAUFHAUS

RESTAURANT	3 MÖBEL	3 SPIELWAREN
die Torte	das Bett	die Puppe
der Kaffee	die Kommode	der Ball
?	?	?

DAMENBEKLEIDUNG	2 SCHMUCK	2 KOSMETIK
der Rock	die Halskette	die Handcreme
das Kleid	der Ring	das Parfüm
?	?	?

HERRENBEKLEIDUNG	1 SCHUHE / LEDER	1 SCHREIBWAREN
die Krawatte	die Handtasche	der Taschenrechner
die Hose	die Stiefel	der Kalender
?	?	?

ELEKTROABTEILUNG	E LEBENSMITTEL	E HAUSHALTSWAREN
die Kaffeemaschine	der Schinken	die Schüssel
der Staubsauger	das Baguette	der Besen
?	?	?

der Taschenrechner — das Bett — die Torte
die Handcreme — die Schüssel — die Handtasche — der Kaffee
das Parfüm — die Kaffeemaschine — der Kalender
die Stiefel — die Kommode — die Hose — der Rock
die Krawatte — der Ring — die Halskette — das Kleid
die Puppe — der Schinken — der Ball
der Staubsauger — der Besen — das Baguette

Lösungen – Seite 64

Das Lebensmittelgeschäft
Schreibe, in welcher Abteilung du diese Lebensmittel findest: die Kartoffel – die Torte – die Tomate – das Paprikapulver – der Wein – das Fleisch – die Milch – die Banane – der Rosmarin – das Brot – die Wurst – das Brötchen – der Quark – das Salz – die Margarine – die Salami – die Limonade – die Butter – die Birne – das Bier – der Saft – das Mineralwasser – der Thymian – der Pfeffer – der Joghurt – das Baguette – die Brezel – der Schinken – der Apfel

BACKWAREN
1. die Brezel
2. die Torte
3. das Brot
4. das Brötchen
5. das Baguette

MILCHPRODUKTE
1. die Milch
2. der Quark
3. die Butter
4. die Margarine
5. der Joghurt

OBST UND GEMÜSE
1. die Kartoffel
2. die Tomate
3. die Banane
4. die Birne
5. der Apfel

FLEISCH UND WURSTWAREN
1. das Fleisch
2. die Wurst
3. die Salami
4. die Bockwurst
5. der Schinken

GEWÜRZE
1. das Paprikapulver
2. der Rosmarin
3. das Salz
4. der Thymian
5. der Pfeffer

GETRÄNKE
1. der Wein
2. die Limonade
3. das Bier
4. der Saft
5. das Mineralwasser

Teste dich!

Im Kaufhaus – Kreuzworträtsel
Löse das Kreuzworträtsel.

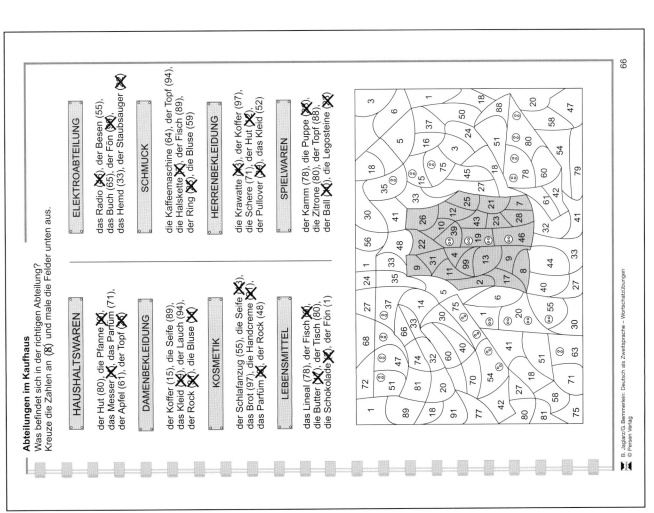

1 HALSKETTE
2 KALENDER
3 STAUBSAUGER
4 STIEFEL
5 KUGELSCHREIBER
6 KAFFEEMASCHINE
7 PUPPE
8 TASCHENRECHNER
9 KOMMODE
10 MANTEL
11 MÜTZE
12 BESEN
13 SCHINKEN
14 HANDTASCHE
15 RING
16 PULLOVER

Lösung: *KAUFHAUSDETEKTIV*

B. Jaglarz/G. Bemmerlein: Deutsch als Zweitsprache – Wortschatzübungen
© Persen Verlag

67

Abteilungen im Kaufhaus
Was befindet sich in der richtigen Abteilung?
Kreuze die Zahlen an (X) und male die Felder unten aus.

HAUSHALTSWAREN
der Hut (80), die Pfanne (X),
das Messer (X), das Parfüm (71),
der Apfel (61), der Topf (X)

DAMENBEKLEIDUNG
der Koffer (15), die Seife (89),
das Kleid (X), der Lauch (94),
der Rock (X), die Bluse (X)

KOSMETIK
der Schlafanzug (55), die Seife (X),
das Brot (97), die Handcreme (X),
das Parfüm (X), der Rock (48)

LEBENSMITTEL
das Lineal (78), der Fisch (X),
die Butter (X), der Tisch (80),
die Schokolade (X), der Fön (1)

ELEKTROABTEILUNG
das Radio (X), der Besen (55),
das Buch (65), der Fön (X),
das Hemd (33), der Staubsauger (X)

SCHMUCK
die Kaffeemaschine (64), der Topf (94),
die Halskette (X), der Fisch (89),
der Ring (X), die Bluse (59)

HERRENBEKLEIDUNG
die Krawatte (X), der Koffer (97),
die Schere (71), der Hut (X),
der Pullover (X), das Kleid (52)

SPIELWAREN
der Kamm (78), die Puppe (X),
die Zitrone (80), der Topf (88),
der Ball (X), die Legosteine (X)

B. Jaglarz/G. Bemmerlein: Deutsch als Zweitsprache – Wortschatzübungen
© Persen Verlag

66

Teste dich!

Im Internetshop
Kennst du alle 50 Artikel aus dem Internetshop?
Schreibe sie auf.

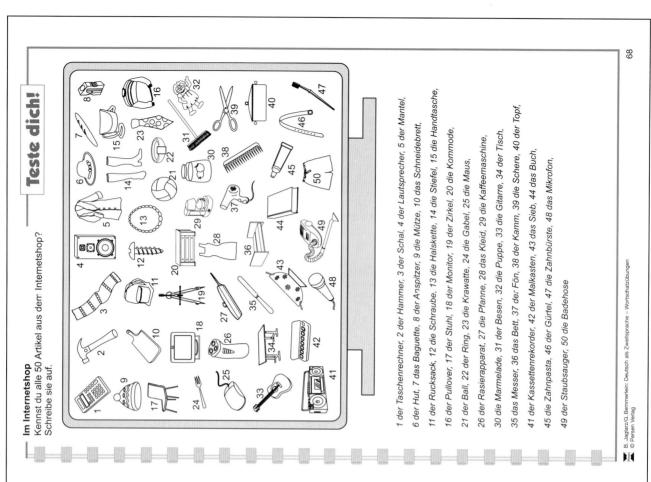

1 der Taschenrechner, 2 der Hammer, 3 der Schal, 4 der Lautsprecher, 5 der Mantel,

6 der Hut, 7 das Baguette, 8 der Anspitzer, 9 die Mütze, 10 das Schneidebrett,

11 der Rucksack, 12 die Schraube, 13 die Halskette, 14 die Stiefel, 15 die Handtasche,

16 der Pullover, 17 der Stuhl, 18 der Monitor, 19 der Zirkel, 20 die Maus,

21 der Ball, 22 der Ring, 23 die Krawatte, 24 die Gabel, 25 die Maus,

26 der Rasierapparat, 27 die Pfanne, 28 das Kleid, 29 die Kaffeemaschine,

30 die Marmelade, 31 der Besen, 32 die Puppe, 33 die Gitarre, 34 der Tisch,

35 das Messer, 36 das Bett, 37 der Fön, 38 der Kamm, 39 die Schere, 40 der Topf,

41 der Kassettenrekorder, 42 der Malkasten, 43 das Sieb, 44 das Buch,

45 die Zahnpasta, 46 der Gürtel, 47 die Zahnbürste, 48 das Mikrofon,

49 der Staubsauger, 50 die Badehose

Sprachkompetenz gezielt fördern!

Birgit Lascho

Training für die Abschlussprüfung Deutsch

Lehrplanbezogene Materialien für einen integrativen Sprachunterricht

Jugendliche mit Migrationshintergrund haben oft sprachliche Defizite im Deutschen, die sie daran hindern, dem Deutschunterricht zu folgen. Eine besondere Hürde ist dabei die schulische „Bildungssprache", die sich von der Alltagssprache deutlich unterscheidet. Mit diesem Übungsheft gleichen Sie mögliche sprachliche Nachteile Ihrer Schüler aus und bereiten sie speziell auf die reguläre Abschlussprüfung vor. Durch das umfangreiche Übungsmaterial im Baukastenprinzip vermitteln Sie Ihren Schülern dazu das notwendige sprachliche und grammatikalische Rüstzeug. Der Wortschatz wird erweitert. Ihre Schüler erhalten themengebundene Textbausteine und Hilfe bei speziellen Grammatikproblemen. Die Arbeitsblätter eignen sich zur Freiarbeit ebenso wie für die Wochenplanarbeit und sollten parallel zum aktuellen Deutschunterricht eingesetzt werden. **So schaffen Sie den Spagat zwischen individueller Sprachförderung und der Vermittlung von Lehrplanthemen!**

Buch, 148 Seiten, DIN A4
9. bis 10. Klasse
Best.-Nr. 3017

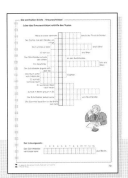

Barbara Jaglarz, Georg Bemmerlein

Einfache Texte lesen und verstehen

Materialien für einen integrativen Sprachunterricht

Wie kann man Schüler mit geringen Deutschkenntnissen beschäftigen und fördern? Diese einfachen und unterhaltsamen Texte fördern Lese- und Ausdrucksvermögen. Systematische Texte festigen und erweitern überdies den Wortschatz. Die Arbeitsblätter zum selbständigen Arbeiten sind nach Schwierigkeitsgrad geordnet und sofort einsetzbar. Sie ermöglichen die individuelle Förderung parallel zum Klassenunterricht. Auf separaten Lösungsseiten kann das Erlernte überprüft werden. **Gezielte Übungen zum Textverständnis für Jugendliche mit Migrationshintergrund!**

Buch, 104 Seiten, DIN A4
5. bis 10. Klasse
Best.-Nr. 23001

Zerrin Konyalioğlu-Busch

Deutsch als Zweitsprache: Türkische Schüler systematisch fördern

Mithilfe der Muttersprache die Zweitsprache verstehen lernen

Wenn aus dem Höhlentrip ein Höllentrip wird und das Fragezeichen zum Firagisayhen mutiert, dann haben Sie es mit klassischen Interferenzfehlern türkisch-muttersprachlicher Schüler im Deutschen zu tun. Wie aber begegnen Sie Fehlerquellen, die durch die Muttersprache angelegt sind? Mit Türkisch zu Deutsch: Das ist der Ansatz dieses Buches. Die systematisch aufgebauten Übungen nutzen das muttersprachliche Vorwissen, um die Zielsprache Deutsch zu reflektieren. So wird Sprachkompetenz in der Zweitsprache entwickelt und gefördert. **Die spezifischen Fehlerquellen kennen und gezielt fördern!**

Buch, 88 Seiten, DIN A4
5. und 6. Klasse
Best.-Nr. 3372